भोर के अँधेरे में

भोर के अँधेरे में

श्यौराज सिंह बेचैन

वाणी प्रकाशन

वाणी प्रकाशन
4695, 21-ए, दरियागंज, नयी दिल्ली 110 002

शाखा
अशोक राजपथ, पटना 800 004

फ़ोन : +91 11 23273167 फ़ैक्स : +91 11 23275710

www.vaniprakashan.in
vaniprakashan@gmail.com
sales@vaniprakashan.in

BHOR KE ANDHERE MEIN
by Sheoraj Singh Bechain

ISBN : 978-93-87648-90-6
Poetry

प्रथम संस्करण

मूल्य : ₹ 595

सिटी प्रेस, दिल्ली-110 095 में मुद्रित

वाणी प्रकाशन का लोगो मक़बूल फ़िदा हुसेन की कूची से

समर्पण

भीमा कोरेगाँव

के

विजय स्तम्भ

को...

—श्यौराज सिंह बेचैन

वीरेन डंगवाल के प्रति

इतनी गैराती दुनिया में,
एक आदमी अपना-सा।
चला गया है, आ जायेगा—
क्यों लगता है सपना-सा?

अभी बरेली गया कहाँ हूँ,
जो मैं उनसे मिला नहीं।
इन्द्रापुरम् या कि दिल्ली में,
जहाँ बुलाया मिला वहीं॥

कल ही गले लगा था उनके,
कल ही मिल कर आया था।
जंग कैंसर से थी उनकी
देख के दिल भर आया था॥

कुशल समीक्षक, सम्पादक वे,
प्रेमी-हृदय भले मानस।
उनकी एक पंक्ति के आगे–
बौने लगते हैं दस-दस॥

वे मेरे निर्देशक शिक्षक-
ज्ञान-सफ़र के साथी
कितना प्यार किया करते थे
भूल के धर्म और जाति॥

अब वे नहीं रहे यह कहना,
मेरे लिए असम्भव है।
दृश्य-जगत से अधिक आपको
यादों में रहना अब है॥

–श्यौराज सिंह बेचैन

'चिरन्तन प्रकाश की आस में'

I

आधुनिक युग में भारतीय स्वराज की पूर्व-पीठिका में सदियों से सोई पड़ी जनता को जगाने वाली सौद्देश्य दलित कविताएँ स्वामी अछूतानन्द की कलम से सन 1905-1933 के दौरान व्यंग्यात्मक ढंग से बड़े दर्द के स्वर में आयी थीं, जैसे–

जागो जी! जागो, असली नाम डुबाने वाले।
वंश डुबाने वाले, राज गँवाने वाले,..
तुम तो नेशन भारी,
मुल्की हक़ के अधिकारी।
जागो जी...

परन्तु संगीत भी सोये हुओं को जगाता है, यह बात सर्वमान्य है, बल्कि निष्प्राण हो चुके प्राणी में भी प्राण लौटाता है। इसका एक दिलचस्प उदाहरण बाबा साहब डॉ. अम्बेडकर ने अपने 'मूकनायक' मराठी पत्र में एक 'रोचक समाचार' स्तम्भ के रूप में प्रकाशित किया था। समाचार था–'न्यूयॉर्क नगर में श्रीमती डोरामाँच नामक संगीत-प्रिय रमणी इन्सेफेलाइटिस (Encephalitis) नामक रोग से ग्रस्त होकर दो दिनों तक लगातार सोती रहीं। उन्हें जाग्रत करने वाले चिकित्सा-शास्त्रों का उन पर कोई उपाय कारगर नहीं हुआ। तब अन्त में एक तन्तुवाद्य निपुण का संगीत-आलाप सुनकर वे शनैः-शनैः निद्रा से जागने लगीं।'

बाबा साहब की लिखत से यह प्रसंग मैं यहाँ क्यों उद्धृत कर रहा हूँ? इसकी यहाँ प्रासंगिकता क्या है? जी हाँ सवाल वाजिब है। कल तक इसकी प्रासंगिकता नहीं थी, परन्तु आज है और कल रहेगी। क्योंकि विगत वर्ष अमेरिका के ही एक मामूली पारिवारिक पृष्ठभूमि के संगीतकार बॉब डिलन को नोबेल सम्मान मिला है। उन्हें यह सम्मान मिला तो मैं अपने देश के अख़बारों की प्रतिक्रियाएँ देखने लगा। एक टिप्पणीकार ने कहा कि यह अचानक कैसे हो

गया, गीतकार को साहित्य का सम्मान, इसके लिए तो हम तैयार नहीं थे। स्ट्रीट सिंगर, सड़क-फुटपाथ के गायक को कल्पनातीत सम्मान! यह तो वैसा ही हुआ, जैसे भारतीय अभिजात्य लेखकों के बीच भूल या मजबूरी से कोई अछूत लेखक 'साहित्य अकादमी', 'ज्ञानपीठ' या 'बिड़ला फाउण्डेशन' से सम्मानित हो जाये। जो केवल स्वजाति की प्रस्तुति की स्तुति करने के अभ्यस्त हैं, उन्हें यह असहज कर देने वाली घटना है। यदि ऐसी घटना हमारे यहाँ घटित होती तो यह उसी तरह क्रोध का सबब बनती, जिस तरह पौराणिक कथा में समुद्र-मंथन से निकले अमृत पीने वाले देवताओं में जा बैठे एक ग़ैर-देव के साथ हुआ था। गीत जीवन की अभिव्यक्तियाँ होते हैं, जितने स्तर और जितने प्रकार के जीवन, उतने स्तर के और उतने प्रकार के गीत अस्तित्व में होते हैं। परन्तु हमारे यहाँ लोकगीत और लोकप्रिय गीत प्रतिष्ठा क्यों नहीं पाते? यह एक गम्भीर सवाल है।

इधर हिन्दी फ़िल्मों में बढ़ते फूहड़पन नृत्य, संगीत में अभिजात्य अश्लीलता ने मानव-मूल्यों की गरिमा गिरा दी है। सीरियल तो इतने वाहियात आ रहे हैं कि उन्हें देखकर लगता ही नहीं कि उनमें हमारा देश, हमारे गाँव-ग़रीब और समस्याग्रस्त समाज भी रहते हैं। अमरीका में कला, मीडिया, उद्योग, खेल, सिनेमा, पब्लिक सर्विस इत्यादि में नस्लीय समानता के मद्‌देनज़र प्रतिनिधित्व की जो डायवर्सिटी अमल में है, बॉब डिलन का यह सम्मान और समय उसी का परिणाम है। हर वर्चस्व की संस्कृति अलग या नये के प्रति अस्वीकार और नकार की समस्या पैदा करती है। हालाँकि यह नकार वर्ण-वर्चस्व के दलित विरोधी तत्त्वों में ही पाया जा सकता है। डिलन के नकार को भारत का दलित ज़्यादा अच्छी तरह समझ सकता है। क्योंकि कपोल-कल्पित गप्पों के बरअक्स श्रमण-संस्कृति के वंचित दलित के साहित्य को तो इनसे साहित्य ही नहीं माना गया, जीवन-श्रम सोच से निकले उनके संगीत को संगीत नहीं माना और उनके मनुष्य को मनुष्य नहीं माना। तब अश्वेत साहित्य और दलित साहित्य ने भी अभिजात्य सामन्ती कसौटियाँ और पैमाने ही ख़ारिज कर दिये। वे तो दलितों के संगीत को भी साहित्य की श्रेणी में नहीं रखना चाहते। परम्परागत कसौटियों के लठैत/वर्ण-चेता आलोचक कथित अस्पृश्य और सामान्य परिवार से आये दुनिया के किसी भी कलाकार को इज़्ज़त देना नहीं चाहते। समानता उनके स्वभाव में नहीं है। उन्हें भारतीय दलित रोते, विलाप करते हुए ही अच्छे लगते हैं। यहाँ कई धर्मों में तो नाचना- गाना तक मना है, भिक्षुणियों को देखकर तो ब्राह्मण समाज की विधवाओं की वेदना की याद ताज़ा होने लगती है। जबकि दलितों के तो सन्त-विचारक तक गाते और नृत्य

करते रहे हैं। उनकी कविता में अपार संगीतात्मकता समायी रही है। रैदास, कबीर, नन्दनार, चोखामेला, अछूतानन्द और बिहारीलाल हरित सहित सभी अपने-अपने वाद्ययन्त्रों के साथ गाते थे। यहाँ तक कि मक्खली गोसाल भी नृत्य करते थे और भोले शंकर, वे तो ताण्डव नाच भी करते थे।

इधर हिन्दी में तो कुछ सुविधा-सम्पन्न सत्ता-भोगी आभिजात्य गीतकार भी उपेक्षा का शिकार हुए हैं। नीरज को फ़र्ज़ी समाजवाद की चाटुकारिता करनी पड़ती है। नशे की लत में वे सरकार का मद्यनिषेध का अभियान नहीं चला पाते हैं। कुँवर बहादुर सक्सेना उर्फ़ कुँअर बेचैन जी अच्छे गलेबाज़ होने के बावजूद केवल कायस्थ और बनियों के मंचीय गीतकार बनकर रह जाते हैं, बहुजन समाज में उनकी कोई पहचान नहीं बनती। हरिवंशराय बच्चन गीत की गेयता में वृद्धि की राजनीति के दरबारी बन जाते हैं। बच्चन ख़ैय्याम की रुबाइयों की बतर्ज़ मधुशाला लिखकर ख्याति पाते हैं, व्यापक सामाज की समस्याएँ सम्बोधित नहीं कर पाते, सामाजिक प्रतिष्ठा और अकादमिक क्षेत्र में भी अपेक्षित सम्मान नहीं पाते। वे कायस्थ कुल में पैदा होने और अपने ख़ून में अस्सी फ़ीसद शराब समायी होने पर गर्व से गाते हैं।

स्वीडिश अकादमी के निर्णय को देखें तो पायेंगे कि समिति ने ख़ुद अपनी कसौटियाँ और अपने पैमाने बदले हैं। पर हमारे यहाँ के पुरस्कारों की बन्दर-बाँट देखें कि नयी प्रतिभाओं के पक्ष से अन्धे किस तरह फिर-फिर अपनों में ही रेवड़ी बाँटते रहते हैं। हर सम्मान समिति के निर्णायकों और सम्मानितों में जातीय समानता यूँ ही नहीं दिखाई देती है। क्यों एक भी समिति पक्षपात के कलंक से मुक्त नहीं हो पाती और हज़ार आलोचनाओं के बावजूद चिकने घड़ों की प्रकृति बदल नहीं पाती?

गत वर्ष 14 अप्रैल 2017 को डॉ. अम्बेडकर जयन्ती के मौक़े पर दिल्ली में साहित्य अकादमी ने देश की सभी भाषाओं के दलित लेखकों को आमन्त्रित किया था। इस मौके पर उद्घाटनकर्ता डॉ. भालचंद मुंगेकर ने बताया कि योजना आयोग ने कला साहित्य संस्कृति की इन संस्थाओं को सौ करोड़ से अधिक का अनुदान दिया, पर दलित लेखकों-कलाकारों पर एक करोड़ भी ख़र्च नहीं किया? अकादमी की स्थापना से लेकर आज तक हिन्दी के किसी भी दलित लेखक को साहित्य अकादमी पुरस्कार क्यों नहीं दिया?

उधर बॉब डिलन पर आरोप लगा कि छप्पन साल पहले जब उन्होंने अपना संगीत गलियों व फुटपाथों से शुरू किया था, उस समय उनको सुनने वाली पीढ़ी

के लोग हो सकता है अब निर्णायकों की भूमिका तक पहुँच गये हों, और उनकी वजह से डिलन को चुन लिया गया हो। इस आरोप में कोई दम नहीं लगता पर अगर थोड़ी भी सत्यता हो तब भी उन्हें उनके काम की वजह से ही चुना गया है। हिन्दुस्तान की तरह स्वधर्मी, स्वजाति और दलित विरोधी होने की तरह रंग या नस्ल के विरोध की वजह से नहीं। इसलिए भारतीय आलोचक बिना अपने गिरेबाँ में झाँके डिलन के सम्मान का अपमान कैसे करते हैं, हम जानते हैं कि हमारे यहाँ साहित्य में कई लोग ऐसे चुने जा चुके हैं जो वर्ण-व्यवस्था के शीर्ष ब्राह्मण, राजपूत या वैश्य अथवा कायस्थ न होते और उनके सजातीय गुरु या चेले संस्थाओं पर क़ाबिज़ न होते तो वे अपने जाति-साहित्य की वजह से तो कभी भी नहीं चुने जाते।

भारत में भी साहित्य का नोबेल पुरस्कार आभिजात्य को ही मिला है। बँगला संगीतकार ठाकुर रवीन्द्रनाथ टैगोर को यह पुरस्कार गीतांजलि के अंग्रेज़ी अनुवाद पर मिला था। बेशक उन्होंने कबीर पर काम किया था। टैगोर भी भारत की आम-अबाम के लेखक नहीं थे, वे आभिजात्य के कवि थे। अच्छी बात यह थी कि उन्हें इसका आभास था, उनसे किसी ने पूछा था कि आप इतने बड़े कवि हो गये, आपको नोबेल सम्मान मिल गया पर आपने ग़रीबों-अछूतों पर तो कुछ लिखा ही नहीं, जब कभी ये लोग जागेंगे और पूछेंगे कि यह हमारा कवि कैसे हो सकता है, तब क्या होगा? आपने कभी सोचा है? इस पर टैगोर ने कहा था, 'मैं जिनके आँगन तक नहीं गया, उनके घर के भीतर की बात कैसे जानता और उन्हें बग़ैर जाने मैं क्या लिखता? पर हाँ, मैं आँखें खोले और कान लगाये उन्हीं की ओर देख रहा हूँ। मुझे पूरी उम्मीद है उनका कवि उन्हीं के भीतर से आएगा जो उनका सच बतायेगा।' उनका यह कथन प्रकारान्तर से दलित साहित्य की स्वानुभूति का स्वीकार्य भी था।

नोबेल सम्मान पा चुके श्री कैलाश सत्यार्थी का 'बचपन बचाओ' आन्दोलन भी दलित बच्चों को भी बचाओ, पढ़ाओ की बात नहीं करता। हज़ारों सरकारी स्कूलों की मौत पर शोक नहीं मनाता। शायद ब्राह्मण होने के नाते वे अछूत बच्चों को छूते ही नहीं हों। यहाँ तक कि जब बालश्रम-विरोधी क़ानून पर बहस हुई तो श्री सत्यार्थी ने कहा, 'माता-पिता की सहमति से 14 साल से कम उम्र के बच्चे श्रम कर सकते हैं।' कौन नहीं जानता कि ये मजबूर माँ-बाप के ही बच्चे होते हैं। यह तो वैसा ही हुआ जिस तरह सपा सरकार ने चमारों-भंगियों की सहमति रूपी मजबूरी से उनके घर-ज़मीनों पर क़ब्ज़े कराए थे।

भारत में आज़ादी मिलने के बाद हिन्दी के वर्ण-कवियों के प्रायोजित गिरोह बने। उन्होंने सम्मेलन मंच सवर्णतानुसार क़ब्ज़ाए, नेता-कवि श्री कुमार विश्वास टाइप कवियों ने जन्मना श्रेष्ठता के ही गीत गाए। स्वजाति जन ही अपने पोषक बताये। सरकारी माध्यमों पर भी क़ब्ज़े किये। कविता के नाम पर फूहड़पन और पाखण्ड प्रसारित किया। उनकी कविता, कविता के लिए बनी, संग्रह पुस्तकालयों के लिए छपे और ये सब जाति-बन्धुओं की मिलीभगत से आपस में पुरस्कार बटोर बैठने के लिए इकट्ठे हुए। यह एक अन्यायपूर्ण अँधेरे की परम्परा नहीं है, पाखण्ड है। इससे कौन हटेगा और कौन हटा पाएगा? भारतीय साहित्य-व्यवस्था में एक दिन के लिए भी कभी सामाजिक लोकतन्त्र का एक भी क्षण आ पाएगा, कहा नहीं जा सकता। अब राष्ट्रीय स्वरूप में विकसित हो चुका दलित साहित्य चिन्तन अपनी वैश्विक दृष्टि लेकर चलता रहेगा या संकीर्ण वर्ण-भेदियों से लड़ते-लड़ते उन्हीं जैसा होकर अपने महान मानवीय लक्ष्य से भटक जायेगा?

आशय यह नहीं लिया जाये कि बॉब डिलन के हवाले से हम भारत में दलित गीत-संगीत को सम्मानित होने की आशा कर रहे हैं या मैं सोच रहा हूँ कि साहित्य में इस वैश्विक स्तर की परिघटना से भारतीय साहित्य के निर्णायक तन्त्र में न्यूनाधिक कोई लोकतान्त्रिक सुधार हो जाएगा। ऐसा बिल्कुल नहीं है। जब तक कला, संगीत, साहित्य के मठों पर जाति-वर्चस्व कायम रहेगा, तब तक ब्राह्मणवाद और पूँजीवाद का गठजोड़ सामाजिक न्याय की दिशा में सुधार को रंचमात्र भी अग्रसर नहीं होने देगा। केन्द्र और राज्य सरकारें क्या इस दलित -विरोधी अँधेरे, अन्याय की पर्याय बनी अलोकतान्त्रिक यथास्थिति को हमेशा के लिए दूर नहीं कर सकतीं?

हिन्दुस्तान अख़बार में किन्हीं अमित रंजन ने पूछा है, 'अँधेरे से डरना क्यों?' अब इन्हें क्या बताया जाये? जबकि ग़ैरदलितों के उजाले ही दलितों को डरावने हो गये हों। आज़ादी में ही ग़ुलामी का अनुभव हो रहा हो। मृत गाय उठाई तो मारो और नहीं उठाई तो भी मारो। सन्तुलित विकास की बात करो पर शिक्षा, दवा, रोटी, रोज़गार की बात मत करो। दलित है तो बस मारो, नल छू लिया तो मारो, दलित ने प्रेम-विवाह कर लिया तो मारो। दूल्हा घोड़ी पर चढ़ आया तो मारो, दलित का शव शमशान में जला दिया तो मारो। क्या इस दुर्व्यवस्था की जड़ें सवर्णोन्मुख स्वराज में निहित नहीं हैं? क्या वर्ण-साहित्य इसमें कोई भूमिका अदा नहीं करता? याद करें कि क्यों बाबा साहब डॉ. अम्बेडकर ने 'गाँधी युग' को 'भारतीय राजनीति का अन्धकार युग' कहा था। पर क्या

गाँधीवादियों या ग़ैर-गाँधीवादियों का साहित्य दलितों के लिए प्रकाश युग बन सका है? क्या जातिभेद की माँ वर्ण-व्यवस्था और अन्धकार की नानी अस्पृश्यता स्पृश्य साहित्यकारों के लिए अप्रिय हो गयी है? क्या लोकतान्त्रिक कविता के मूल्यांकन का संकट गहरा नहीं हो गया है? क्या कहीं कोई एक भी समीक्षक वर्ण-चेतना से बाहर निकलकर आता दिखाई देता है?

दलित इस सवर्ण शुद्धतावादी ख़ूँखार अँधेरे से डरें नहीं तो कैसे? हम अस्पृश्यता को अँधेरा मानते रहे हैं। अधिकारों के अपहरण और 'पूना पैक्ट' की वादा-ख़िलाफ़ी एक लम्बा और गहरा अँधेरा रहा है, बीते वर्षों में। दलित स्वतन्त्र निर्वाचन माँग रहे थे, उन्होंने आरक्षण देने का वादा कर, बाबा साहब पर दबाव बनाकर हस्ताक्षर करा लिये और फिर आरक्षण को शनैः-शनैः समाप्त कर विश्वासघात कर दिया? जब कभी थोड़ा-बहुत आरक्षण प्रतिनिधित्व का बैकलॉग भरने का आभास होता था तो लगता था मानो अब घटाटोप अँधेरे के बीच से सामाजिक न्याय का सूरज निकलने ही वाला है, और उजाले की कोई किरण हमारे हिस्से में भी आने वाली है। हम समता रूपी समाजवादी गन्तव्य पर पहुँच रहे हैं। न्यायरूपी सूर्य के पूरे प्रकाश के हक़दारों को यदि किश्तों में थोड़ा-थोड़ा उजाला मिल रहा है तो वह स्वागतेय है, सब्र करने लायक है? पर अब राजकीय सेवा का निजी क्षेत्र में जाना और वहाँ से 'दलित-भारत' को बहिष्कृत कर भगाना समता नामक उजाले का आने से पहले ही अँधेरे में तब्दील हो जाना है। राजकीय सेवा निजी क्षेत्र में समानान्तर सरकार बनने जैसा अँधेरा और अँधेरगर्दी संविधान की प्रस्तावना को आघात पहुँचाने जैसा नहीं है तो और क्या है? उससे उलट पूँजीवाद की ओर उन्मुख होकर सब तरह की विषमताओं की ओर जाना क्या अँधेरे की ओर नहीं जाना है? सामाजिक दासता के अन्धकार में डूबा बहिष्कृत भारत बाबा साहब डॉ. अम्बेडकर को सूरज और चाँद मानता रहा है। उनके बनाये संविधान की ओर इस उम्मीद से देखता रहा है कि वहाँ से उजाला निकलेगा और हम सब ज़ुल्म-ज़्यादतियों के अँधेरों पर विजय पा जाएँगे। हमें संस्थाओं में अवसरों की संविधान-प्रदत्त समानता और सुरक्षा मिल जायेगी। आज का हर दलित लेखक अपनी कविता, कथा और आलोचना में मुक्ति के मुद्दों पर ज़रूर अपनी क़लम चलायेगा।

एक ब्राह्मण गीतकार ने लिखा कि चूँकि लोग कविता नहीं पढ़ते हैं, इसलिए मैंने (बॉब डिलन की तरह) गीत लिखे हैं। मतलब अब मुझे पुरस्कार दो। दूसरे एक राजपूत ने कहा, 'चूँकि गीत-संगीत को सम्मान नहीं मिलता

था, इसलिए मैंने कविता लिखी और पुरस्कार लिया।' मैं सोच रहा था भारत की शोषक-उत्पीड़क जातियों के लेखक पद्धति सीख लेंगे, विधा की नक़ल भी कर लेंगे पर वंचितों के पक्ष की प्रतिबद्धता कहाँ से लाएँगे? बॉब डिलन ने अपने गीतों में युद्धों की हिंसा का विरोध किया है, और हिन्दुस्तान के गीतकार हर दिन हो रही दलित-आदिवासियों की हिंसा को पूरा मौन समर्थन देते हैं? डिलन के गीतों में विश्व-शान्ति और डिस्आर्मामेंट की माँग उठी है। स्वीडिश अकादमी की नज़र में वह डायवर्सिटी का सम्मान है। देशकाल की अनुकूलता को भी नहीं नकारा जा सकता। अमेरिका में उस समय चुनाव का माहौल था। ट्रम्प साहब मुस्लिमों, महिलाओं, ग़ैर-हिन्दुओं और विदेशियों को यू.एस.ए. से बाहर निकालने की मंशा के साथ अपना नज़रिया ज़ाहिर कर रहे थे। भारत के वर्णवादी हिन्दू उनकी जीत के लिए जन्तर-मन्तर पर हवन कर रहे थे। ऐसे में भेदभाव को छोड़ मनुष्य मात्र से प्यार करने वाले संगीतकार को सम्मानित करना कई सवालों का एक एक्शनल जवाब था।

भारत में हिन्दुओं के यहाँ गाँव-गाँव, शहर-शहर आये दिन जाति-युद्ध छिड़े रहते हैं। दलित-आदिवासी आये दिन इनकी हिंसा के शिकार होते हैं। सहारनपुर के शब्बीरपुर गाँव में ठाकुर लोग इसलिए दलितों के घरों में आग लगा देते हैं कि वे उनके राणा प्रताप की प्रतिमा के बजाय डॉ. अम्बेडकर की प्रतिमा लगाते हैं। यहाँ के सम्मानित कवि जातीय हिंसा के ख़िलाफ़ एक शब्द न तो लिखते हैं और न बोलते हैं। इसलिए कि ये स्वजाति के सामाजिक अन्याय को अन्याय ही नहीं समझते हैं। केवल गला-फाड़ गायकी से ही गीत वैश्विक सन्दर्भ से जुड़ा समझते हैं। हिन्दी फ़िल्मों के फूहड़ गाने इनकी तुच्छ धन्धेबाज़ी का परिचय कराते हैं। कई तो जाति-भेद और नस्लवादी गीत भी प्रस्तुत कर रहे हैं।

अँधेरे कुछ ग़ैरदलितों के अहसास के भी हिस्से रहे हैं। गजानन माधव मुक्तिबोध ने तो 'अँधेरे में' एक लम्बी कविता लिखी थी। उस पर हिन्दी में जितने आलोचक हैं, उतनी ही एकतरफ़ा आलोचनाएँ हैं। संयोग से मुझे भी उस कविता ने प्रभावित किया था। सृजन की गहनता, प्रतीकात्मकता बेजोड़ है। वे विचारधारा से वामपन्थी थे और वर्ण से ब्राह्मण थे। मैं सोचता हूँ काव्य-कौशल और चमत्कार के अलावा उनके लिए स्वराज-पूर्व का अँधेरा क्या था, जो दलित के लिए स्वतन्त्रता के बाद भी मौजूद है? क्या वर्ण समाज में ब्राह्मण और दलित के अँधेरे एक ही जैसे होते हैं? शायद नहीं, बिल्कुल नहीं। स्मृति काल से ही अछूतों का अँधेरा ब्राह्मणों का उजाला रहा है। परन्तु दलित

चेतना के इतिहास में एक भी उदाहरण नहीं मिलता जहाँ बदले की कामना की गयी हो, अपने लिए उजाले और ग़ैरदलितों के लिए अँधेरे माँगे गये हों, दलित विचारक संविधान में और संविधान से बाहर केवल और केवल समानता की माँग करते हैं।

मैं जब शिमला एडवांस स्टडी में अध्येता था, तब एक दिन एक राजपूत फैलो की ओर से एक पर्चा मेरी मेज़ पर आया था। उसमें बताया गया था कि मुक्तिबोध निजी जीवन में सामाजिक दृष्टि से भी क्रान्तिकारी थे, क्योंकि उन्होंने एक दलित युवती से अन्तर्जातीय प्रेम-विवाह किया था। पर मुझे यक़ीन नहीं हो रहा था। अभी ग़ैरदलितों में सम्मानित वरिष्ठ साहित्यालोचक प्रो. गोपेश्वर सिंह ने तपाक से कहा कि 'वे झूठ बोल रहे थे, मुक्तिबोध ने एक नर्स से प्रेम-विवाह किया था और वह नर्स दलित नहीं थी।' तो क्या सेवा करने वाली हर स्त्री दलित मान ली जाएगी? ...मैं बचपन से देख रहा हूँ मुक्तिबोध की किताबों पर उनकी एक तस्वीर होती है, सूखा चेहरा, मुँह में बीड़ी का सुट्टा मारते हुए चूसकर फेंक दिये गये आम जैसे पिचके उनके गाल और कुपोषित दलित-आदिवासी बच्चों के चेहरों से मेल खाता उनका चेहरा। जहाँ धूम्रपान निषेध का प्रचार हो रहा हो, वहाँ छात्र को धुआँ पीने के लिए प्रेरित करता यह चित्र मन में विचित्र विरोधाभास पैदा करता था। पता चला कि मुक्तिबोध के पिता पुलिस सेवा में थे। पर यह धारणा तो आज की है कि पुलिस वाले का बच्चा अपवाद में ही बिगड़ा या नशेड़ी बच्चा नहीं होता है?

एडवांस स्टडी में उन्हीं दिनों माकपा नेता सीताराम येचुरी का भी भाषण सुनने को मिला था। शिमला में वे दलित साहित्य पर शोध कर रहीं ललिता कौशल के घर पर ठहरे थे। श्री येचुरी ने कहा था, "मैं ब्राह्मण हूँ पर मैं जाति-भेद नहीं मानता हूँ, मैंने तमिल (या तेलुगु) दलित युवती से विवाह किया है।" मैं सोचने लगा कि क्या वे भी मुक्तिबोध जैसे ही दलित-प्रेमी हैं? ब्राह्मणवाद और पूँजीवाद समस्याओं के माता-पिता हैं, उन्हीं के गर्भ से आर्थिक-सामाजिक संकटों का जन्म होता है। तब क्रान्ति किसके लिए और क्यों?

हिन्दुस्तान अख़बार में मेरी नज़र आज फिर किन्हीं शिवप्रसाद जोशी के इस अप्रत्याशित वाक्य पर पड़ी *'जितना यह समाज दलितों से दूर जायेगा, उतना ही अपने लिए अँधेरे बढ़ायेगा।'* उनका आशय था कि किस तरह मृत-जीवित गायों के अच्छे दिन आते ही सदियों से बुरे दिनों में बसर कर रहे दलितों के लिए और बुरे दिन आ गये हैं? पर हम तो बात 'भोर के अँधेरे' की कर रहे हैं। वह अँधेरा क्या है, कहाँ है? क्यों है? यह क्यों अघोषित है? क्यों अपरिभाषित

है? और क्यों अज्ञान-अशिक्षा का पर्याय बना हुआ है? उन बच्चों की मुक्ति के लिए सुधार की पुकार कहाँ है, जिनका बचपन नहीं बचाया जा सका है और भविष्य अशिक्षा, अज्ञानता और बहिष्कार के अन्धकार में डूबता चला जा रहा है? इस तथ्य को शोधपरक दृष्टि से देखना-परखना चाहिए कि कितने ही दलित लोकगीत-लोकसंगीत के जनक हैं। वर्चस्वशाली जातियों के लेखक-संगीतकार उन्हें कच्चे माल की तरह व्यावसायिक ढंग से इस्तेमाल कर रहे हैं, उनकी मौलिकता कॉपी कर कॉपीराइट के डर से उसमें फेरबदल करके, कुछ बतर्ज़ लोकगीत-लोक संगीत तैयार कर रहे हैं और कॉमर्शियल फ़िल्मों में ख़ूब पैसा लूट रहे हैं। भारत जैसे देश का नब्बे फ़ीसद 'दलित-भारत' उत्पीड़न और दलन के दर्द से कराह रहा है, बेचैन हो रहा है। उसे बाबा साहब डॉ. अम्बेडकर ने बड़े ग़ौर से सुना, महसूस किया और गाँधी जी ने अनसुना किया, बल्कि 'हरिजन' कहकर एक नया राग छेड़ दिया कि 'वैष्णव जन तो तैने कहिए जे पीर पराई जानें रे'...

आज के गाँधी श्री अन्ना हजारे भी आम तो हो सकते हैं, पर अछूत नहीं हो सकते और अछूत होंगे तो मीडिया-प्रिय होना तो दूर किसी को ग्राह्य भी नहीं हो सकते। दलित आम आदमी से भी सौ क़दम पीछे है, क्योंकि दलित के आम के साथ अछूत होने का कलंक आज तक चस्पा है। वह संगीत के संसार में अब तक कैसे बच पाया है? ऐसे कि उसके पास कारुणिक गीत परम्परा है। उसके पास मौलिक रागात्मकता है। उसकी गेयता जीवन संगीत सपनों का सन्देश है। उसके करुण स्वर में पत्थर को पिघलाने की शक्ति है।

यह अँधेरों की ही परिव्याप्ति है कि जिन भारतीयों को बाहर-भीतर के साहित्य सम्मान मिले हैं, उनका एक भी शब्द दलित भारत के किसी काम नहीं आया है। ख़ुद सम्मानितों के 'जाति वर्चस्व' वाली व्यवस्था ने ऐसा वातावरण बनाया है। पहले तो स्वराज के बाद से आज तक उत्तरोत्तर दलित को गुणकारी शिक्षा दुर्लभ की गयी, फिर मेरिट के मुगदड़ से प्रतियोगी परीक्षाओं के क्षेत्र में जमकर धुनाई की गयी। तो साहित्य बिना शिक्षा के सम्भव नहीं था, उसे समझना, उससे लाभान्वित होने का प्रश्न ही नहीं था। दलित कविता जनमानस के क़रीब इसलिए भी रही क्योंकि वह काठिन्यदोष से मुक्त रही है। युग-युग से उसकी पीड़ा रागात्मक शैली में व्यक्त हो रही है। जबकि ग़ैरदलित कविता समझने के लिए एक विशेषज्ञ आचार्य के साथ-साथ शब्दकोश देखने की भी आवश्यकता होती है। वहाँ रहस्यवाद और द्विअर्थी काव्य व्यवहार सदैव बना रहता है। जब अर्थ निःसृत होता है तो वही ढाक के तीन पात, नतीजा खोदा पहाड़ और निकली चुहिया।

गीत संगीतकार का असल इनाम होता है, रचनाकार को पसन्द करने वाले लोगों से मिलती जीवन-शक्ति। ऐसों को सम्मानित करके अकादमियाँ भी अपनी वैधता और सम्मान बचाती हैं जिसे भारतीय संस्थाओं ने जाति-भेद के चलते पूरी तरह खो दिया है।

शैलेन्द्र जैसे दलित कवि ने फ़िल्मों के लिए गीत लिखे। पर वे भी जाति वर्चस्व वाले फ़िल्म उद्योग में अपनी चमार जाति की पहचान छिपाकर ही रहे। उसी तरह जिस तरह कई मुस्लिम कलाकारों ने हिन्दू नाम रखकर ही निर्वाह किया। ये संस्कृतिकर्मियों की स्वतन्त्रता के लक्षण नहीं हैं। जबकि साहित्य-संगीत के क्षेत्र में भी ब्राह्मण, राजपूत, कायस्थ और बनिये अपने जातिसूचक सरनेम तमगे की तरह चमकाते देखे जा सकते हैं। वे थर्डरेट राइटिंग करके भी जातीय साँठ-गाँठ के बलबूते देश की अकादमियों पर क़ब्ज़ा कर लेते हैं। स्वतन्त्रता-मूलक लोकतान्त्रिक विविधता को आत्मसात करने की नैतिक शक्ति हमारे देश के निर्णायकों में भी नहीं है। इसलिए भी कि उनमें उसने देश की सामाजिक, सामासिकता और सांस्कृतिक समावेशिकता को ख़ुद ही नकार दिया है। यहाँ किन संस्थाओं की बात की जाये? विचार करते ही एक मशहूर शेर याद आने लगता है—

हर शाख़ पै उल्लू बैठा है
अंजामे-गुलिस्ताँ क्या होगा?

यह क्या खेल है कि कैसे किसी जाति के बाहर कुछ न दीखने वाले अन्धे को त्रिकालदर्शी बताकर पेश किया जाता है और उसके बेहद बौने हाथों में रेवड़ी वितरण करने का अधिकार सौंप दिया जाता है। फिर जो परिणाम आता है, उससे दो के बीच जश्न और अट्ठानबे के बीच मातम मनाया जाता है। ऐसे समय में बॉब डिलन के संगीत का वैश्विक सन्दर्भ सहज ही अन्यायग्रस्त दलित भारत के साथ जुड़ जाता है, जब वह प्रश्नाकुलता भरे कण्ठ से गाता है—

'किसी मनुष्य को तुम मनुष्य मान सको
इसके लिए उसे कितना लम्बा सफ़र तय करना होगा?'

क्या ऐसा ही सवाल भारत के स्वराज में दलित नहीं पूछ रहे हैं, बीते सत्तर साल से? क्या वे चार हज़ार साल से प्रतीक्षा नहीं कर रहे हैं कि उन्हें भी मनुष्य समझा जाये, उन्हें भी मनुष्य होने के उनके मानवाधिकार दिये जायें? पर उनकी औक़ात तो मरे हुए पशु से भी कम है। मनुष्य नहीं समझा जाना ही दलित की कविता में रुदन और हाहाकार है। यही भारत में सामाजिक न्याय का शत्रु जाति-भेद का अन्धकार है। यह संयोग है कि ऐसी आवाज़ें अमेरिका-अफ्रीका से भी आ रही

हैं। क्या आपको ऐसा नहीं लगता कि रॉक म्यूजिशियन बॉब डिलन के रूप में मानो रोता-विलाप करता हमारा कोई दलित कवि ही प्रश्न पूछ रहा है कि–

लोगों का रुदन सुन सके, इसके लिए,
कितने कान होने चाहिए एक आदमी के पास
कितनी मौतें होनी चाहिए यह जानने के लिए
कि बहुत लोग मारे जा चुके हैं....

दुनिया के दलित जानते हैं कि हमारे यहाँ हमारे पूर्वजों पर 'मनुस्मृति' एक बम की तरह गिर चुका है और हिरोशिमा व नागाशाकी की तरह दलित भारत मरा पड़ा है। सदियों बाद अंग्रेज़ी राज से सम्भव हुआ लोकतन्त्र और संविधान ने कुछ-कुछ प्राण वापस किये हैं। उसकी छाती पर भी वे सवार हो रहे हैं। वे संविधान की शपथ लेकर सत्तासम्पन्न हैं। संविधान बदल देने पर आमादा है? ऐसे में मैं समझ सकता हूँ कि दलित को संगीत से कितना प्यार होता है, पर जाति व्यवस्था किस तरह अवसरों से वंचित करती है। मुझे एक बार डॉ. धर्मवीर जी ने बड़े दुख के साथ बताया था कि किस तरह उनके हाथ से एक ब्राह्मण अध्यापक ने यह जानते ही कि बालक चमार जाति से है, सितार छीन लिया था। एक दिन वे मुझे मेरठ स्थित उस ब्राह्मण अध्यापक का घर दिखाने ले गये थे। मीनू ने कहा कि यह बात उन्होंने 'पहला ख़त' में लिख दी है। मैं ख़ुद बचपन में जगदीश आर्य समाजी के घर हारमोनियम सीखने जा रहा था। परन्तु काम छोड़ने पर मेरे पेट के लिए रोटी नहीं थी। सो, बाल-मज़दूरी ने इतना समय खाया कि मुझे अपना गीत-संगीत का शौक़ वहीं छोड़ना पड़ा था। शुक्र कि किसी तरह मैं अपने प्राण बचा लाया और आपकी सेवा में हाज़िर हुआ। पर कोई और बेचैन तो आज भी भूख से तड़प-तड़पकर बी.पी.एल. कार्ड माँगता-माँगता मर गया है 'भूख से दलित की मौत' शीर्षक के तहत समाचार-पत्रों ने लिखा है। 'इलाहाबाद में...धरौता गाँव में धर्मेन्द्र नामक एक दलित युवक की मौत हो गयी। गाँव के लोगों ने चन्दा करके दाह-संस्कार किया। तहसीलदार ने बताया कि उसके घर में अन्न का एक दाना भी नहीं है, उसकी माँ भीख माँगकर गुज़र-बसर करती है।' और यह तब था जब सूबे में सरकार समाजवादियों की थी।

जिस शिक्षा की कोख से गीत-संगीत निकलता है, दलित भारत के लिए उसकी उपलब्धता क्या है? सोशल मीडिया की सक्रियता से दलित जीवन की वे त्रासद घटनाएँ सामने आ रही हैं जिन्हें आमतौर पर 'कास्ट-मीडिया' कवर नहीं करता है। बिहार में केन्द्रीय विद्यालय के ग़ैरदलित छात्र दलित छात्र को

इसलिए बुरी तरह मारते हैं कि वह विद्यालय में सबसे अधिक अंक क्यों लाता है? अध्यापक के प्रश्नों का जवाब सबसे पहले और सही क्यों देता है?

प्रतिभा-विकास के मामले में धर्म की बड़ी भूमिका है। हिन्दी क्षेत्र के आत्मकथाकार हजारी उर्फ़ इतवारी लाल को आखिर ईसाई बनकर देश छोड़कर जाना पड़ा था...। मुझे उनके पारिवारिक सूत्रों से पता चला था कि अंग्रेज़ी में छपी हजारी की आत्मकथा पढ़कर तत्कालिक प्रधानमन्त्री जवाहरलाल नेहरू ने उनसे कांग्रेस में शामिल होने की पेशकश की थी, परन्तु वे सिर पर मैला ढोने की प्रथा समाप्त कर देने की अवधि निश्चित करा लेना चाहते थे। उन्हें सन्तोषजनक आश्वासन नहीं मिल सका था। यह वही समय रहा होगा जब मीडिया स्टार श्री कुमार विश्वास की दादी की शादी में लक्ष्मी नामक सफ़ाईकर्मी (दलित माता) सेविका के रूप में साथ आयी थी। कुमार साहब की दृष्टि में वह बहुत अच्छी व्यवस्था थी। आज बेजवाड़ा विल्सन मुझे हजारी की जगह खड़े दिख रहे हैं और स्वच्छ भारत अभियान में स्वीपर स्टार बनाने के बजाय फ़र्ज़ी/फ़िल्मी स्टारों के सहारे स्वच्छ भारत बनाने की उम्मीद की जा रही है। देश के ग़रीबों की गाढ़ी कमाई विज्ञापनों पर लुटाई जा रही है। उनके द्वारा जिनकी ख़ुद की सफ़ाई में भी दलित स्वच्छकार ही लगे रहते हैं।

अगर स्वच्छता ही लानी थी तो बेजवाड़ा को स्वच्छता मन्त्रालय सौंपा जाना चाहिए था। जैसे यदि श्री नेहरू जी को ग़रीबी हटानी थी तो 'योजना आयोग' देश के पहले अर्थशास्त्री डॉ. बी.आर. अम्बेडकर को दिया जाना था। पर दलित को तो प्रतिनिधित्व देकर भी मिसफिट रखना होता है। तो देश के विकास पर प्रभाव नकारात्मक रहना ही है।

आज शिक्षा के व्यवसायीकरण में ऊँची फ़ीस-वसूली की होड़ में ईसाई स्कूल किसी से पीछे नहीं हैं। पर भारत में अंग्रेज़ी राज में जो अछूत थोड़ा बहुत पढ़-लिख पाए, उसमें ईसाई मिशनरियों का बड़ा भारी योगदान रहा है। वर्ण-हिन्दू तो न स्कूलों में घुसने देते थे और न पूजास्थलों में, वहाँ भी नहीं जहाँ उनके कुत्ते बैठते थे।

यह अकारण नहीं है कि साहित्य की आभिजात्य तथाकथित मुख्यधारा अब अर्थहीन हो चुकी है। अब दलित और आदिवासी साहित्य की लोकधारा और लोकप्रिय धाराएँ ही मुख्यधाराएँ हैं। इन्हें क़बूल न करने का मतलब आप ख़ुद अपनी पतली मौसमी अलग धारा में रहने को अभिशप्त होंगे। क्या कभी साहित्य की सौ अलग-अलग धाराओं में लोकतान्त्रिक राष्ट्रीय स्वरूप की एक संयुक्त धारा भी बन सकेगी? बढ़ती वैश्विक स्वीकृतियाँ स्थानीय नकारों की दीवारों को तो धराशायी कर ही देंगी, तब दूधिया इन्द्रधनुषी उजाला दसों दिशाओं में खुलकर

फैलेगा जिनमें दुनिया भर के फुटपाथी संगीतकार, मोची, धोबी, नाई, स्वच्छकार, चर्मकार सब गली, मुहल्ले के कवि-गीतकार गाएँगे। मंच के नीचे या पीछे की आवाज़ें सादर सुनी जायेंगी, जैसा कि डिलन दर्द के ऊँचे स्वर में गाता है—

हे! साधो रे! एक गीत मेरे लिये...
न ठौर है न ठिकाना, न ही नींद है...

तो लगता है कि इतिहास की गली में भारत का चमर-जुलाहा कबीर नयी धुन पर सदियों के सन्ताप से लबालब नये रूप में गा रहा है। उसके स्वर में कोई धर्मोन्माद या जात्याभिमान नहीं है। वह मानव की नैसर्गिक समता-स्वतन्त्रता का गायक है।

II

'नयी फ़सल' कुछ अन्य कविताएँ के बाद और 'चमार की चाय' यह 'काव्य संग्रह' मेरी प्राथमिकता में था। लेकिन मैं अपनी उन डायरियों को अभी उलट-पुलटकर देखने की हालत में नहीं था, जिनमें कविताओं के साथ जीवन के दुख-दर्द दर्ज किये थे। उनमें मौज-मस्ती के क़िस्से नहीं, बल्कि वो पीड़ा है, जो आज़ादी के पहले दलित पुरखों को और आज़ादी के बाद दलित को सवर्ण सत्ताओं से मिलती रही है। इनमें आत्मपरक कविताओं से गुज़रने का मतलब पिछले जख्मों को कुरेदने जैसा था। ये कविताएँ उस दौर में लिखी गयी हैं, जब मैं और मेरा दलित-वंचित समाज उत्पीड़न-यातनाओं की भट्ठी में तप रहा है। यातना केवल शारीरिक नहीं, बल्कि मानसिक भी है। दलित समाज में होना तपना और शब्दों के साथ तपना, ये दोनों ही हमारे जीवन के हिस्से रहे हैं। इसी तपिश और बेचैनी के चलते यह संग्रह पूर्ण आकार ले पाया। कई मित्रों ने लगातार आग्रह कर और अपने सुझाव देकर यह कार्य पूरा करवाया।

यह कैसी व्यवस्था है जिसमें समाज का केवल एक अति लघु हिस्सा सुख स्वातन्त्र्य की अतिरिक्त सुख-सुविधाओं और विलासिताओं में जीता है, तो दूसरा विशाल भारत सामाजिक ग़ुलामी से ग्रस्त-त्रस्त रहता है, उसके लिए विषमता और सामाजिक, सांस्कृतिक, आर्थिक और बौद्धिक असन्तुलन का अँधेरा उत्तरोत्तर गहराता जा रहा है? एक ओर दुख है, दूसरी तरफ़ सुख न के बराबर है, ग़ैर-बराबरी, ग़ैर-जिम्मेदारी सामाजिक समता और सन्तुलन के प्रति उदासीनता, राजनीतिक अवसरवादिता, छल-कपट और वादा-ख़िलाफ़ी का पर्याय बन गयी है। भारतीय नेताओं के लुभावने नारों और वादों ने अगर किसी को तलवे से चोटी तक ठगा है तो वह है भारत का दलित। आर्थिक विषमता और अन्याय

के चलते स्वराज से उम्मीद और सपनों की कविता में तड़प बढ़ती जा रही है। बाबा साहब द्वारा आगाह किया गया था कि 'स्वराज दलितों पर ग़ैरदलितों का राज होगा' की आशंकाएँ भी बढ़ती जा रही हैं। सांस्थानिक और सामाजिक वर्चस्व वाले आभिजात्य कवि की कविता के पाठक नहीं रहे हैं। हालाँकि उनकी यह बात दलित साहित्य पर लागू नहीं होती। सच तो यह है कि दलित कविता पर ऐसा कोई संकट नहीं है बल्कि दलित समाज पर आये संकटों में कविता एक सम्बल बन रही है। दलित कविता लिखी जा रही है, पढ़ी जा रही है। कविता ही क्या दलित साहित्य की तमाम विधाएँ, कलाएँ आत्मकथाएँ, कहानियाँ वंचित समाज की बढ़ती विद्या की भूख शान्त करने का साधन बन रही हैं। डॉ. विजय 'सन्देश' और डॉ. एन. सिंह के तो संग्रह 'अँधेरे के विरुद्ध' आये हैं।

सोचता हूँ मेरी कविताओं में भी कलात्मकता और गेयता कैसे समाहित रही। इस संग्रह में छन्दों में अलंकारों की सुनियोजित और सचेतन सायास समायोजन करने का कोई उपक्रम मेरे द्वारा नहीं किया गया है अपितु दलित साहित्य के युगीन दायित्व-बोध के चलते स्थितिजन्य चिन्तन ही गहरे में पैठ बनाये रहा है। आधुनिक दलित साहित्य में स्वामी अछूतानन्द की कविता मील का पत्थर है। इसलिए कि वह कवि इतिहासबोध और संगठनप्रिय आन्दोलन-धर्मी चेतना से सम्पन्न है, यह कविता दलितों के नैसर्गिक और राष्ट्रीय मानव अधिकारों की बात करती है। गोलमेज़ सम्मेलन से लौटकर गाँधी जी ने अछूतों को दलित बहिष्कृत सम्बोधनों को नकारकर 'हरिजन' सम्बोधन दिया था, अंग्रेज़ी में 'हरिजन' अख़बार निकालकर इससे दलित की गरिमा पर हमला किया था। स्वामी अछूतानन्द ने 1933 में अपनी कविता की ढाल अड़ाकर दलित सम्मान की रक्षा की। वे कवि थे, सो बात कविता में की—

'कियौ हरिजन पद हमें प्रदान।
अन्त्यज, पतित, बहिष्कृत, पादज, पंचम शूद्र महान!
संकर-बरन और वर्णाधम पद अछूत-उपमान।।
थे पद रचे बहुत ऋषियन ने हमरे हित धरि ध्यान।
फिर 'हरिजन' पद दियौ हमैं क्यों, हे गाँधी भगवान।।

....

वेश्या-सुत सम जानत सब जन, वैसोई है सम्मान।
हम हरिजन तौ तुम हूँ हरिजन कस न, कहौ श्रीमान?

ब्रिटिशों से मिलने वाली आज़ादी में जब दलितों की आज़ादी का प्रश्न उठा था, तब स्वामी जी ने डॉ. अम्बेडकर को दलितों का सच्चा नेता घोषित कराया,

बड़ी संख्या में समर्थन जुटाया, लन्दन के लिए टेलीग्राम प्रेषित किये। ऐसे में उनकी कविताएँ कम पड़ गयी होंगी, परन्तु दलित साहित्य इतिहास में उनका योगदान कई महाकाव्यों से बड़ा बना रहेगा। वर्तमान की दलित कविता के सरोकारों का अध्ययन करें तो न केवल कविता की सौद्देश्यता स्पष्ट होती है, बल्कि कवि के सामाजिक सरोकार भी सामने आते हैं। ये हमारे महान पूर्वज कवि दलित कविता की तुक और गेयता के बिना कविता की कल्पना भी नहीं कर सकते थे। व्यापक जन-उद्बोधन की दृष्टि से यह आवश्यक गुण है।

प्रस्तुत संग्रह में संकलित कविताएँ समय-समय पर विभिन्न पत्र-पत्रिकाओं में प्रकाशित होती रही हैं। मैंने कुछ का न्यूनाधिक पुनर्लेखन भी किया है। शीर्षक एक रूपक है, एक अन्योक्ति में कही गयी लक्षणा शब्द-शक्ति के सहारे, मूल समस्या सांकेतिक रूप में व्यक्त करने की कोशिश की गयी है, और इतना भी स्पष्ट करने की आवश्यकता तब अनुभव की है, जब मराठी के युवा चिन्तक डॉ. नितीन गायकवाड़ ने शीर्षक के ध्वन्यार्थ में मुझे कुछ कमी महसूस करायी है।

जहाँ तक 'भोर के अँधेरे में' शीर्षक की सोच का प्रश्न है इसे मैं दो विरोधाभाषी स्थितियों में अथवा पूरक तत्त्वों के रूप में पाता हूँ। मसलन गरीबी-अमीरी, अछूत-ब्राह्मण, आज़ादी-ग़ुलामी, श्वेत-अश्वेत, सब प्रकार का सर्वाधिक अन्धकार दलित के हिस्से आया है। दलित और ग़ैर-दलित में भाईचारा नहीं है। यहाँ सुख-दुख में साझेदारी भी नहीं है, अतिभक्षण की अपच से मरने वाला भी यहाँ भूख से मरते अपने दलित देशबन्धु के हिस्से का निवाला साझा कर उसके प्राण बचाने को तैयार नहीं है। बेशक कुछ अँधेरे ग़ैर-दलितों के हिस्से भी आये हैं, पर ये तो असन्तुलन से, असंवेदनशीलता से और असहिष्णुता के कारण आये हैं। दुनिया को मानव-निर्मित अँधेरों, दुखों, विद्वेषों और कलहों से बाहर ले जाने के लिए रचनात्मकता और सकारात्मक स्पर्धा वाली व्यवस्था अपेक्षित है। साम्राज्यवादी देशों ने जो अपने भीतर न्यायोचित प्रगति के रास्ते निकाले हैं, उनसे सीखा जा सकता है। अमरीका, चीन या ब्रिटेन भारत जैसे देशों का शोषण करते रहे हैं। हमारा देश उनकी विस्तारवादी नीतियों का शिकार होता रहा है। परन्तु वे अपने आपमें कैसे सशक्त, उन्नत और आत्मनिर्भर हो गये हैं। क्यों? उनके यहाँ अस्पृश्यता-जन्य ग़रीबी नहीं है? क्यों उनके यहाँ निरक्षरों और बेरोज़गारों की फ़ौज नहीं है? क्यों उनके यहाँ जात्याभिमान और जातिहीनता बोध जैसी स्थितियाँ नहीं हैं? कैसे अमरीका ने रंगभेद-नस्लभेद जैसी भयंकर समस्याओं का समाधान कर लिया है? कैसे वहाँ काले-गोरे मिलकर रचनात्मक कार्यों में लग गये हैं? चीन ने आबादी

के विस्फोट को रचनात्मक चमत्कार कर हमारे जैसे देशों को अपने उत्पादन की अधिकता के अधीन कर लिया है।

हम भारतीय भी कहने को तो डायवर्सिटी की बातें करते हैं, सामाजिक व सांस्कृतिक समृद्धि का महत्त्व समझते हैं, परन्तु क्या हम शिक्षा में, उद्योग में, कला में, साहित्य में, सिनेमा में, खेलों में, संगीत में और मीडिया में जाति-भेद से थोड़ा भी ऊपर उठकर वंचितों, दलितों को भागीदारी देते हैं? क्या हम विभिन्न जातियों, विभिन्न धर्मों की परस्पर स्वस्थ स्पर्धा सकारात्मक और सहयोगात्मक सम्बन्धों की स्थापना कर सकते हैं? क्या हम अफर्मेटिव एक्शन को अमलीजामा पहनाते हैं? क्या हम ऐन-केन-प्रकारेण दलित मेधा को बहिष्कृत रखकर देश को अवनत नहीं बनाते हैं? अमेरिका की संसद ने, चर्च के पोप ने क्या रंगभेद और दासप्रथा के लिए सार्वजनिक क्षमा-याचनाएँ नहीं की हैं, और रंग-नस्ल के भेदभाव से क्षतिग्रस्त हुए समुदायों की क्षतिपूर्ति करने के लिए ज्ञान-विज्ञान, कला, मानविकी, राजनीति, अर्थनीति आदि सभी क्षेत्रों में सहभागिता नहीं दी है? क्या भारत भी कभी ऐसा अस्पृश्यता-मुक्त न्यायप्रिय समाज बनेगा?

अब अँधेरे संक्रामक बीमारी की भाँति दलित का वर्तमान और भविष्य तक घेरे हुए हैं, दलित बच्चे सस्ती सरकारी क्वालिटी एजुकेशन से वंचित हैं। वे इस लायक नहीं बनाये जा रहे कि अपने देश की सेवा अपने कौशल और ज्ञान के दम पर आगे बढ़कर कर सकें। गुण-हीन या हुनर-हीन बनाकर ये चलती-फिरती लाशों की तरह नकारात्मक कार्यों के लिए ख़ाली छोड़ दिये गये हैं। उनका कोई अपराधीकरण करे, कोई उपद्रवी बनाये या कोई सामाजिक लोकतान्त्रिक मूल्यों के विरुद्ध इस्तेमाल करे—व्यवस्था ग़ैर-ज़िम्मेदार और अन्धकार की जननी बनी खड़ी है। सरकारी स्कूलों को बन्द करने की मुहिम में अब प्राथमिक स्कूलों से अंग्रेज़ी हटा लेने की साज़िशें चल रही हैं।

शिक्षा के व्यवसायीकरण से उपस्थित हुई स्थिति वंचितों, दलितों और बहिष्कृतों की क्या कोई क्षतिपूर्ति हो रही है? या क्षति में और अति हो रही है? उद्योग, मीडिया, फ़िल्म साहित्य अकादमियाँ, शिक्षा संस्थान, खेल इत्यादि में कहीं भी दलितों को प्रतिनिधित्व मिलता है क्या? जबकि ज़रूरत दलित नेतृत्व को अंगीकार कर उसके अनुभव की रोशनी में राष्ट्र का सामाज-सापेक्ष विकास करने की है। निजी क्षेत्रों में दलित-आदिवासी स्वामित्व में भागीदार नहीं तो वे इस असन्तुलित विकास का क्या करेंगे? उनके घर, जंगल, ज़मीनों पर मॉल खड़े हो गये हैं, राज्य के बजाय व्यक्ति मालिक बन गये हैं, आह्वान हो रहा

है–दलितो! आओ सफ़ाई करो, चौकीदारी करो। बाबा साहब के नाम पर भी कॉलेज, यूनिवर्सिटियाँ बन गयीं, पर वे दलितों के लिए नहीं बनीं हैं। वहाँ व्यवस्था कर दी है कि किसी भी दलित को प्रिंसिपल, वाइस-चांसलर मत बनाओ एक अम्बेडकर विश्वविद्यालय के दलित विरोधी जाति वर्चस्व पर 'भारत अश्वघोष में लम्बे सम्पादकीय लिख मरे डॉ. तुलसी राम। व्यवस्था के कान पर जूँ रेंगी क्या? दलितों-आदिवासियों से ज़्यादा डॉ. अम्बेडकर का गीत ख़ुद गाओ, जाति-वर्चस्व को पुरातन रूप में बचाओ, सुविधाओं के हलुआ-पूड़ी खाओ और 'जूठन' के लिए चमारों-भंगियों और आदिवासियों को बुलाओ। विकास चाहिए तो लो चौड़ी-चौड़ी सड़कें भी बन गयीं, हो गया विकास। भंगी-चमार आओ, इसे शीशे-सा चमकाओ और झाड़ू लगाओ। गइया-मइया को चारा-पानी खिलाओ-पिलाओ, मर गयी तो बदबू फैल जाने से पहले जंगल ले जाओ और खाल काढ़ ली है तो पाप किया है। एक मरी गाय के बदले एक दर्जन दलित उनके हथियारों के नीचे आओ। यह ऐसी ही गैया-भक्ति है भैया, जो दलितों और मुसलमानों पर कहर बरपा रही है।

बाबा साहब डॉ. अम्बेडकर ने दलितों को अल्पसंख्यक अधिकार दिलाने का प्रयास किया था। स्थायी समाधान के लिए पृथक निर्वाचन की माँग की थी। उसमें कुछ समाधान था भी, उस व्यवस्था में दलित बिना ग़ैरदलितों के दखल के अपने चुनाव क्षेत्र में अपना नेता स्वयं चुन सकते थे, परन्तु उनके विरोध में गाँधी जी ने जान की बाज़ी लगा दी। बाबा साहेब के सामने धर्मसंकट की स्थिति पैदा कर दी और अन्ततः विवश होकर उन्हें पूना-पैक्ट पर हस्ताक्षर करने पड़े। काश! गाँधी जी प्राणों की ऐसी बाज़ी श्री मौ. अली जिन्ना साहब के सामने लगाते तो शायद भारत-पाक विभाजन न हुआ होता और हमारा शान्तिप्रिय देश सीमा के शाश्वत तनाव से मुक्त प्रगति कर रहा होता। नतीजा यह हुआ कि समता, स्वतन्त्रता की भोर दलितों से दूर हो गयी। दलित के हिस्से गहरा अँधेरा आ गया। दुख और दर्द के बादल छा गये। ग़ुलामी के अँधेरों से निकलकर आज़ादी का जो उजाला फैला था, उसका थोड़ा-बहुत प्रकाश दलितों को भी मिलना सम्भावित था। आरक्षण एक रास्ता निकाला गया था, सो उसे समाप्त करने के लिए जिन सरकारी संस्थाओं में आरक्षण लागू होता, उन्हें बेमौत मार दिया गया और ग़ैरदलितों के स्वामित्व में निजी क्षेत्रों का सरकार के समानान्तर साम्राज्य खड़ा कर दिया गया। मण्डल के मद्‌देनज़र आरक्षित क्षेत्रों को समाप्त करने में तत्परता दिखाई गयी और निजी क्षेत्रों का रातोरात परिपोषण किया गया। पिछड़ा वर्ग इस मामले में पिछड़ा ही साबित हुआ। वह अपने सहयोगी दलित-आदिवासियों से एकता क़ायम नहीं कर

सका, बल्कि कई जगह तो वह दलितों पर ही हमलावर हो गया। दलित बच्चों से क्वालिटी एजुकेशन समाप्त कर उनसे डिग्नीफाइड क्वालिटी लाइफ़ का सपना भी छीन लिया गया।

प्रश्न आया कि अछूत क़ौम में डॉ. अम्बेडकर के साथ अछूतानन्द, बाबू मंगूराम, कबीर, रैदास न होते तो अँधेरे और कितने गहरे तथा कितने हिंसक हो गये होते, क्या कल्पना की जा सकती है? बाबा साहब ने संविधान के रूप में हमें भरपूर उजाला दिया। यह कृतज्ञताबोध ही है कि प्रो. काली चरणस्नेही बड़ी आशा और विश्वास में भरकर इस संकट के समय में भी गा रहे हैं—

बाबा ख़ूब उजीतो करि गये, घर-घर सूरज धरि गये
ऐसी पढ़ी पढाई उन्नें, पण्डित पानी भर गये
बाबा ख़ूब उजीतौ करि गये।

सन्देश यही है कि दलित को भोर चाहिए तो बच्चों को ख़ूब पढ़ाइये। उन्हें आज का अम्बेडकर बनाइये। साम्राज्यवादी विदेशी शक्तियाँ गिद्ध-दृष्टि जमाये भारत की ओर देख रही हैं कि यहाँ का समाज अस्पृश्यता और जाति-भेद की महामारी से पहले की भाँति और दुर्बल हो जाये। अनुसूचित जातियों, अनुसूचित जनजातियों में अशिक्षा, अज्ञानता का अँधेरा और गहरा हो जाये। नतीजा भारत पुनः दुर्बल समाज वाला देश बन जाये। निजी क्षेत्रों की मार्फ़त भारतीय समाज के मेहनतकश वंचित तबकों को तबाह कर दिया जाये। सब तरह की असमानताएँ व असन्तुलन और बढ़ जायें, अस्सी फ़ीसदी 'निर्वर्ण समाज' को सवर्ण-समाज द्वारा अघोषित ग़ुलाम बना लिया जाये। तब क्या विदेशी आकर केवल दलितों को ही बौद्धिक और आर्थिक दास बनायेंगे, सम्पूर्ण समाज को नहीं? क्या मुग़लों और अंग्रेजों ने ग़ैरदलित को ग़ुलाम नहीं बनाया था, वे आज़ाद थे? माना कि ये अपढ़, दरिद्र दलित सदियों के गहरे अँधेरे में पुनः लौट जाएँगे। दलितों के नेता, अधिकारी होंगे, तब भी यह लन्दन और पाकिस्तान जैसों की कुल आबादी से अधिक आबादी वाला दलित समाज नेतृत्वविहीन हुआ दिखाई पड़ेगा? क्या ऐसे दिन अभी दूर हैं, बाद में आएँगे। ख़बरों का खलल किसी सहृदय दलित कवि को सोने देगा? जब वे कभी मुस्लिम की हण्डी में बीफ बताएँगे तो कभी दलित की पतीली का ढक्कन उठाएँगे और भात-भात माँगती मर रही भारत की बेटी सन्तोष के प्राण नहीं बचाएँगे? वे बेख़ौफ़ क़ानून हाथ में ले लेंगे और हमलावर हो जायेंगे। मुर्दा मवेशी उठाने पर वे दलितों के घर जलायेंगे और दलित प्रतिनिधि संसद और विधानसभाओं में नींद की झप्पियाँ लेते नज़र आएँगे।

इन कविताओं में समाज का यथार्थ है, उसके अनुभव हैं, उसकी पीड़ा है, उसके सरोकार हैं और सामाजिक न्याय की माँग भी कभी सुख या शौक़ में नहीं की गयी है। दलित जीवन की त्रासदी-जन्य अभिव्यक्ति मेरे लेखक की मजबूरी भी है और ज़िम्मेदारी भी है। सच्चा दलित कवि मुखौटा लगाकर साहित्य की दुनिया में नहीं आता है। दलित कविता ने समाज पर पड़े उस आवरण के पीछे की सच्चाई को भी उजागर किया है, जिसमें कहा गया था कि 'सभी मनुष्य एक समान हैं'। सच में तो यह भारतीय समाज चौरंगा है, जिसमें ब्राह्मण, क्षत्रिय, वैश्य और शूद्र ग़ैर-बराबरी के अलग-अलग द्वीपों में रहते हैं। बाबा साहब डॉ. अम्बेडकर ने अपने चिन्तन के ज़रिए, चौरंगे समाज के हर रंग को समान अहमियत देने की भरपूर कोशिश की, लेकिन बाद के सामाजिक नियन्ताओं ने उनकी बात नहीं मानी। दलित कविता का दायरा संविधान के अनुकूल है, जिसका अर्थ है कि दलित कवि संविधानवादी है। ऐसे में दलित कविता की चिन्ता का केन्द्र क्या है? उसके मुद्दे क्या हैं उसकी समस्या क्या है? वह किसका समाधान करना चाहता है? उसका सामूहिक उद्देश्य क्या है?

क्या थोड़ी आशा ग़ैरदलित लेखक की ओर से भी की जा सकती है? क्या लेखक से प्रतिबद्धता, सामूहिकता, त्याग और सामाजिकता की कोई उम्मीद की जा सकती है। क्या दलित, ग़ैरदलित किन्हीं सामान्य बिन्दुओं पर मिलकर देश को सच में विकसित और उन्नत बनाने के लिए विविधतापूर्ण सामूहिकता को प्रोत्साहित कर सकते हैं। इतिहास तो इसका साक्ष्य नहीं देता। हाँ, दलितों को रंच मात्र भी अधिकार मिला है तो उसके मालिकों ने बाध्यकारी क़ानूनी विवशताओं में दिया है। स्वेच्छया तो दलित को सामाजिक ग़ुलाम बनाने की हसरत ही ख़ास रहती है उनकी। अफ्रीका, अमेरिका में आरक्षण शब्द के बिना इस्तेमाल किये हुए भी केवल उद्योगों, मिल-फैक्ट्रियों में नृत्य-गायन मंडलियों में अश्वेत और स्त्रियों का अनुपात जनसंख्या के अनुसार रखना पड़ता है। उद्योगपतियों को तो 'ग्रीन', 'येलो' और 'रैड' कार्ड जारी होते हैं। जिसने सबसे अधिक ग्रीन कार्ड भरा यानी कालों को अधिक हिस्सेदारी दी उसको आयकर में छूट मिलती है और संस्था को सम्मान-पत्र। यदि पीला भरा तो चेतावनी दी जाती है कि अगले वित्तवर्ष तक पूरा करो और लाल रहा यानी गोरों के अनुपात में कालों को कमतर जगह दी गयी तो उसका लाइसेंस रद्द कर दिया जाता है और सरकारी सहायताएँ तथा छूटें ब्याज सहित वापस ले ली जाती हैं। लेकिन हमारे यहाँ निजी क्षेत्र सरकारी अनुदान छूटें ले रहे हैं और दलितों को निजी क्षेत्र में भागीदारी नहीं दे रहे हैं। जबकि न्यायसंगत माँग तो यह है कि दलित

आदिवासियों को संस्थाओं के स्वामित्व में भी प्रतिनिधित्व दिया जाये। कई सरकारी क्षेत्रों की उच्च सेवाओं में भी आरक्षण के अनुसार प्रतिनिधित्व नहीं है या आरक्षण ही नहीं है। उसके लिए किसी को ज़िम्मेदार नहीं ठहराया जाता, किसी को कोई दण्ड नहीं दिया जाता और आरक्षण लागू होने वाले दिन से ही जिनका हक़-हिस्सा मारा गया उनके नुक़सान का कोई मुआवज़ा यानी क्षतिपूर्ति नहीं दी जाती, बल्कि हक़मारों की ओर से उल्टी अफ़वाह फैलायी जाती है कि आरक्षण के क्षेत्र में दलित आदिवासी उनकी बपौती छीन रहे हैं। इससे परस्पर नफ़रत फैलती है, कलह और असन्तोष का वातावरण बनता है। इसी वजह से करोड़ों दलित आदिवासियों के जीवन में आज तक समता, स्वतन्त्रता और बन्धुता के संवैधानिक सूरज की एक किरण भी नहीं, भोर की तो बात ही दूर है।

हाल में मेरे लेखन पर फेसबुक के ज़रिए एक आर्य समाजी हस्तक्षेप आया, दावा किया गया कि 'आर्य समाज ने अस्पृश्यता का अन्त कर दिया है।' महाशय से प्रतिप्रश्न पूछने को मन किया कि, "कहाँ कर दिया है? बल्कि वह काम भी नहीं किया जिसके लिए आर्य समाज की स्थापना हुई थी। 'आर्य समाज' का वह उद्‌देश्य था हिन्दू समाज को एक वर्णीय समाज बनाना। परन्तु आज वर्णभेदी हिन्दू और आर्यसमाजी हिन्दू में कोई भेद रह गया है क्या?

अभी पिछले दिनों दिल्ली विश्वविद्यालय के कमला नेहरू कॉलेज में डॉ. रजत रानी 'मीनू' द्वारा करायी गयी राष्ट्रीय संगोष्ठी का विषय था 'भारतीय साहित्य में दलित स्त्री का चित्रण और चिन्ताएँ'। उसमें एक प्रश्न प्रमुखता से आया कि दलित लेखकों का अपनी पत्नियों के साथ कैसा व्यवहार रहा है, लेखकों की पत्नियों की आत्मकथाएँ क्यों नहीं आयी हैं? यह प्रश्न प्रतिभागी स्त्रियों की ओर से नहीं आया, बल्कि जे.एन.यू. में प्रोफ़ेसर और दलित साहित्य के विशेषज्ञ डॉ. रामचन्द्र जी द्वारा उठाया गया था। इशारा 'मेरी पत्नी और भेड़िया' तथा 'तिरस्कृत' आत्मकथाओं की ओर था। सवाल यह भी था कि क्या उन दलित लेखकों को जिन्होंने द्विज स्त्रियों से विवाह किये हैं या फिर ऐसी दलित लेखिकाओं को आत्मकथाएँ नहीं लिखनी चाहिए जिन्होंने द्विज पुरुषों से विवाह कर लिये हैं? क्या ग़ैरदलितों के साथ विवाह करने वाले दलित घरों में सब कुछ ठीक-ठाक चल रहा है? वहाँ स्त्री-पुरुष सम्बन्धों की भोर हो गयी है? अँधेरा रंचमात्र भी नहीं बचा है? यदि ऐसा है तब भी अनुभव ज़ाहिर करने चाहिए ताकि उनकी रोशनी में जाति-तोड़क प्रश्नों पर विचार हो सके। दलित पुरुषों को चिढ़ाते हुए हिन्दी की एक सुविधाभोगी द्विज लेखिका ने दलित स्त्रियों को लेकर कहा था कि

'यदि दलित स्त्री हमारे साथ बहनापा बनाकर सवर्ण-सामन्त से मिल गयी, तब दलित पुरुष क्या करेगा?' वह बेचारा तो मरेगा ही और क्या कर सकेगा? दलित लेखिकाओं ने इस कथन को सच सबित नहीं किया है। दलित स्त्री अपने पति के बारे में न सोचे लेकिन वह अपनी सन्तान के बारे में तो सोचेगी। इसलिए कि दलित स्त्री और द्विज स्त्री की समस्याएँ एक जैसी नहीं हैं। दलित स्त्री जानती है कि द्विज स्त्री की कोख से पैदा सन्तान तो इस देश का सम्मानित नागरिक बनती है और दलित स्त्री की कोख से पैदा बालक अछूत बनता है। बहिष्कृत जीवन जीता है। ऐसा क्यों है? क्या दलित स्त्री लेखिकाओं ने इन मुद्दों को अपने लेखन का विषय बनाया है? दर्जनों ऐसे विवाहित जोड़े समाचारों की फ़ेहरिस्त में हैं, जिनमें युवती या युवक एक दलित था और उनकी सभी की हत्याएँ ग़ैरदलित अविभावकों ने ही की हैं। तमिलनाडु की तथाकथित ऊँची जाति में जन्मी कौशल्या ने जब दलित युवक से प्रेमविवाह किया तो खुद उसके पिता ने बेटी के दलित पति की हत्या कराई और बेटी ने पिता की हत्या के जुर्म में सज़ा। किसी दलित ने अपने या पराये बच्चे को अन्तरजातीय प्रेमविवाह करने के कारण कभी नहीं मारा है। यह अहिंसक इंसानी संवेदना ही तो दलित कविता का इसी लोक, इसी दुनिया का सार्थक तत्त्व है।

दलितों के प्रति ग़ैरदलितों के व्यवहार सम्बन्धी एक प्रचलित कहानी याद आ रही है। यह ब्रज या हमारे खादर इलाक़े की सच्ची कहानी है। बुज़ुर्ग सुनाते थे जब गाँव भर से लोग 'अंग्रेज़ों भारत छोड़ो' की मुहिम में शामिल हो गाँधी जी के पीछे-पीछे बड़ी संख्या में दलित भी जा रहे थे, पर एक भंगी और दूसरा एक चमार का परिवार उसमें शामिल नहीं हो रहा था। उन्होंने ऐसा क्यों किया था? क्या उन्हें स्वराज नहीं चाहिए था? तब वे कहानी सुनाने लगे कि जब वे ख़ुद भी बच्चे थे। उस ज़माने में हिन्दू लोग दलितों को स्कूलों में नहीं घुसने देते थे, ईसाई ज़रूर कुछ अक्षर-ज्ञान करा देते थे, परन्तु वे भी कोई इंग्लैण्ड से नहीं आते थे। ब्राह्मणों में से ईसाई बनने वाले भी दलित के पास नहीं जाते थे बल्कि अछूतों में से ही किसी को पढ़ाकर, पादरी बनाकर, नाम बदलकर दलितों की बस्तियों में भेज देते थे। वैसा ही एक पूर्व का चमार पादरी बन कर रात्रि स्कूल चलाने आ गया था। उसके स्कूल में चमार और भंगियों के ही बच्चे पढ़ाये जाते थे, जो दिन में माँ-बाप के साथ काम किया करते थे। यह बात स्थानीय मठ के पुजारी को नागवार गुज़री, उसने गाँव के सवर्ण मुखिया को बतायी कि गाँव में भंगी-चमारों के बच्चे पढ़ाये जा रहे हैं। सुनते ही उसने दस-पन्द्रह लठैत भेज

दिये। उन बच्चों को रस्सियों से बाँधकर घोड़ों के पीछे घसीटा गया और उनके घरों में आग लगा दी गयी, उनके ढोर-डाँगर खोल लिये। चेतावनी दी गयी कि अगर किसी अछूत ने अपने बच्चे स्कूल भेजे तो वह अपनी जान से हाथ धोयेगा। कल सायं को मुखिया जी आएँगे, इस बात का पता करने कि कोई अछूत बच्चा अक्षर तो नहीं सीख गया है। एक भी पढ़ा-लिखा मिला तो उसके पूरे परिवार को सामने वाले पेड़ पर लटकाकर फाँसी दे दी जाएगी।

इस चेतावनी से आतंकित होकर चमार-भंगियों के परिवार रात ही में गाँव से भाग छूटे थे, उन्हें पता चला था कि छतारी के नवाब बहुत शक्तिशाली हैं। वे अंग्रेज़ सरकार से भी कुछ शक्तियाँ प्राप्त किये हुए हैं। वे हिन्दुओं के अत्याचारों से अछूतों को बचा सकते हैं। इसी आशा से वे नवाब साहब की ओर भागे जा रहे थे। उनके साथ छोटे-छोटे बच्चे और महिलाएँ भी थीं। वे दस कोस भी नहीं निकले होंगे कि जंगल की झाड़ियों में उन्हें एक लाश पड़ी दिखाई दी। तब तो उनके होश ही उड़ गये, जब उन्होंने देखा कि यह लाश तो उनके उसी पादरी शिक्षक की है जो अछूतों के बच्चों को अशिक्षा के अन्धकार से बाहर निकालने का प्रयास कर रहा था। उन्होंने उस लाश को उठाया और कन्धों पर रखकर चल दिये। मरे जानवर उठाने के अभ्यस्त उनके कन्धे उस लाश को छतारी के नवाब साहब की हवेली के बाहर तक ले गये। उन्होंने रो-रोकर अपनी फ़रियाद अर्ज़ की। नबाब साहब कहने लगे कि हम यह कैसे मान लें कि हिन्दू ज़मींदार और उनके पंडे-पुजारी मिलकर अछूतों पर इतना ज़ुल्म ढा रहे हैं। तब उन्होंने कहा हुज़ूर इसका सबूत तो हम अपने साथ भी लाये हैं। आपकी हवेली के बाहर उन शिक्षक की लाश रखी है।

नवाब साहब सुनते ही चौंक उठे और बोले हमें दिखाओ कहाँ है पादरी की लाश? लाश देखते ही उन्हें यक़ीन हो गया कि अछूतों के साथ हिन्दू लोग बेइन्तिहा ज़्यादतियाँ कर रहे हैं। यह नाइंसाफी है, इंसानियत के हक़ में हम अछूतों की मदद ज़रूर करेंगे, हम अंग्रेज़ सरकार के ज़हन में यह बात डालेंगे और इनके जान-माल और इनकी औरतों की इज़्ज़त की हिफ़ाज़त करायेंगे। उनके नुक़सान की भरपाई हो, इसके लिए भी हम फिरंगी हुकूमत से बात करेंगे।

इतना बोलकर नवाब साहब ने अंग्रेज़ हुकूमत से सम्पर्क के लिए आश्वस्त किया और अछूतों को भूखा वापस न जाना पड़े, इसके लिए उन्होंने कारिन्दों से कहा कि इन अछूत औरतों को साथ लेकर आप लोग बिरियानी बनायें। सभी को मस्जिद के आँगन में बिठाकर खिलायें और इन्हें पक्का यक़ीन देकर लौटायें कि

ये लोग उसी गाँव में रहेंगे, इनके खेत और जानवर सब इन्हें मिलेंगे और इनके बच्चे तालीम भी लेंगे। हम आज इसी वक़्त इसकी गारण्टी करते हैं।

उसी दिन शाम होने से पहले अंग्रेज़ सरकार के सिपाहियों ने दलित विरोधी हिंसक हिन्दुओं को पकड़ लिया था। मुखिया की मुखियागिरी समाप्त कर दी गयी थी और भंगी-चमारों का गाँव में सुरक्षित पुनर्वास सुनिश्चित कर दिया गया था। तब से ये अछूत परिवार कृतज्ञतावश अंग्रेज़ों और मुसलमानों के ख़िलाफ़ एक शब्द भी नहीं बोलते हैं।

यह कहानी मुझे कहानी ही लगती थी। पूर्णतया सच नहीं लगती थी। इसलिए मैं इसे कम ही उद्धृत करता था। परन्तु दलित शिक्षा का सत्या नाश आज़ाद भारत में होता देख, दलित बच्चों को पढ़ाई-लिखाई में आगे निकलता देख, ग़ैरदलित छात्र और अध्यापकों के हमले देख सुनकर मुझे इतिहास की कहानियाँ वर्तमान का सच लगने लगी हैं और इससे हमारे देश की कितनी क्षति हुई है, उसका कोई हिसाब नहीं है।

इस कहानी को पुष्ट करती है, ग़ैरदलित लेखक किन्हीं भरत झुनझुनवाला की 18-10-2016 के न.भा.टा. में छपी समान भाव की यह टिप्पणी... 'अंग्रेज़ों की तोपों से लैस सेना ने आक्रमण किया। हम आक्रमणकारियों का सामना नहीं कर पाये, इतिहासकार आर्नोल्ड टॉयनबी ने बताया है कि सभ्यताएँ ऐसी चुनौतियों का सामना करने में किन परिस्थितियों में सफल होती हैं। उन्होंने पाया कि जब शासक वर्ग जनता को अपने साथ जोड़ लेता है तो वह ऐसी चुनौतियों का सामना कर लेता है। जब नहीं जोड़ पाता तो वह विफल हो जाता है।' श्री झुनझुनवाला अत्याचार के नमूने पेश करते हुए आगे लिखते हैं—'ब्रिटिश आक्रमण के सामने हम शायद इसीलिए फेल हुए। हमारी जनता ने स्वदेशी राजाओं का साथ नहीं दिया था। राजस्थान के आदिवासी क्षेत्र के लोगों ने एक दास्तान सुनाई कि एक आदिवासी घी का मटका लेकर अपनी बेटी के घर जा रहा था। रास्ते में पानी बरसा तो उसने जंगल से एक पत्ता तोड़कर मटके के मुँह पर रख लिया। फॉरेस्ट गार्ड ने मामला राजा के सामने रखा। राजा ने आदेश दिया कि पत्ते की चोरी के लिए आदिवासी के हाथ काट दिये जायें। आदिवासी को भनक लगी तो वह अजमेर के ब्रिटिश नियन्त्रण वाले क्षेत्र में भाग गया और उसने अपने प्राणों की रक्षा की। ऐसे अत्याचारों से ब्रिटिश हुकूमत ने भारत के आम आदमी को पनाह दी थी, इसलिए देश की जनता ने ब्रिटिश हुकूमत का साथ दिया, जिससे भारत ग़ुलाम हो गया।'

बाबा साहब डॉ. अम्बेडकर ने पेशवाओं के राज की ब्राह्मणशाही के क्रूर

कारनामों के बारे में लिखा ही है जिसमें अछूतों को दिन के समय रास्ते से गुज़रना मना था। पेशवा राजा, जो ब्राह्मण थे, की सवारी के सामने पड़ने पर तो उसको मृत्युदण्ड ही था। सामान्य स्थिति में भी उन्हें पीठ से झाड़ू और गले में मटका लटकाकर चलना पड़ता था। पर आज से दो सौ साल पहले 1 जनवरी 1818 को जब पेशवा सैनिकों के साथ ब्रिटिश कम्पनी सैनिकों की जंग हुई तो ब्रिटिश कम्पनी ने भी ढाई हज़ार पेशवा सैनिकों के सामने महार रेजीमेंट के मात्र पाँच सौ सैनिकों को अड़ाया। उन्हीं की बहादुरी के दम पर पेशवाओं को हराकर उनका राज समाप्त किया। उस लड़ाई में बड़ी संख्या में पेशवा सैनिक मारे गये और जो 49 सैनिक पेशवाओं ने शहीद किये, उनमें 21 महार थे। उनकी स्मृति में बने विजय-स्तम्भ पर 1 जनवरी 1918 को स्मृति आयोजन सम्पन्न हुआ है। उन शहीदों के स्मृति-स्तम्भ पर बाबा साहब 1 जनवरी 1927 से प्रतिवर्ष श्रद्धा-सुमन अर्पित करने जाते थे और इतिहास के काले पन्ने खोलकर समाज को दिखाया करते थे। उन्हीं के सामने 'महार रेजीमेंट' की भाँति 1941 में 'चमार रेजीमेंट' भी बनी जिसमें मज़हबी सिखों सहित उत्तर-प्रदेश मद्रास तक की अस्पृश्य जातियों के सैनिक थे।

आज फिर अँधेरा गहरा हो गया है। जिन्हें सुख, स्वराज और सत्ता के उजाले मिले हैं, वे इतने अधिक प्रकाश में हैं कि वहाँ पहुँचकर दलितों के नेता, अफ़सरों तक की आँखें चुँधिया रही हैं, उन्हें अपना कर्तव्य-पथ दिखाई नहीं पड़ रहा है। क्या ऐसे में दलित कविता उँगली पकड़कर रास्ते पर ले जा सकेगी?

मैं दिलो-दिमाग़ पर छायी रही बॉब डिलन को नोबेल सम्मान की घटना से अपने आपको मुक्त कर बाहर निकल जाना चाह रहा था। पर एक जिज्ञासा मन में अभी भी थी कि आने वाले स्तम्भ में ऑक्सफोर्ड में साहित्य सम्पादक मिनी कृष्णन इस बारे में क्या कहती हैं? सो हिन्दू के लिटररी रिव्यू में where are the writers? शीर्षक के तहत उन्होंने बताया कि नोबेल सम्मान लेखक के समग्र को ही ध्यान में रखकर दिया जाता है।

आदिवासी जीवन पर किये गये काम को देखते हुए भारत में यह सम्भावना महाश्वेता देवी के लिए बनी थी। साहित्य को लेकर नोबेल के सन्दर्भ में मिनी जी की चिन्ता जायज है क्योंकि जो स्थान साहित्य के लिए निर्धारित है, वह संगीत को क्यों दिया गया? क्या संगीत का दायरा इतना बढ़ गया जो उसने साहित्यापेक्षित कार्य भी पूरा कर दिया? या साहित्य इतना संकीर्ण और स्वाध्यायच्युत हो गया जिससे उसकी वैश्विक उपयोगिता समाप्त हो गयी। हम अपने देशों में देखें, हमारे यहाँ साहित्य वही पुरस्कृत है जो दलितों, आदिवासियों और तमाम

वंचित समाजों से बेवास्ता है या मनगढ़न्त काल्पनिक तस्वीर पेश करता है अथवा पूतना मौसी वाली घातक ममता-सहानुभूति प्रदर्शित करता है। कभी-कभी लगता है कि वर्ण-भेदी मानसिकता की साहित्यालोचना ने दलित-विरोध के लिए ही पुरस्कृत किया। लोकतन्त्र में जो बहुजन के लिए है, वही सम्माननीय है। पर साहित्य को लोकप्रियता या बहुजनप्रियता का आधार नहीं बनाया जा सकता। समाहार करते-करते उसी दिन मेरी नज़र भी हिन्दुस्तान में 'तिरछी नज़र' पर पड़ गयी। मैं खुश हुआ कि ग़ैरदलितों में हमारे समय के सबसे बड़े आलोचक सुधीश पचौरी ने बॉब डिलन से प्रभावित होकर हिन्दी कवियों का अच्छा आह्वान कर दिया कि 'हे कवि! रॉकस्टार बन जाओ' और उन्होंने जिन शब्द शेरों की फ़ेहरिस्त गिनाई, उनमें कई तो सितार क्या एक तार भी उठाने की स्थिति में नहीं हैं। श्री कुँवर जी, केदार जी, नामवर जी, वाजपेयी जी, डबराल जी, जोशी जी, कमल जी, मंडलोई जी इत्यादि क्या नाचेंगे और क्या गायेंगे? उनके गीत की चिन्ता का केन्द्र कहाँ है? पण्डित जी, शर्मा जी, अवस्थी जी, मिश्र जी ने दलित-आदिवासियों के मुताल्लिक़ अब तक गीतों में गाया क्या है? मैं नहीं कहूँगा कि इस सूची के सब सवर्ण और अधिसंख्य ब्राह्मण हैं। तो इनमें जन्मना यह गुण नहीं है। पर इतना ज़रूर कहूँगा कि इनमें तुलसीदास जैसी प्रतिबद्धता नहीं है। तुलसी गीत के बदले कुछ चाहते नहीं थे और अब के ब्राह्मण चाहे बग़ैर कुछ गा नहीं सकते। इनकी चाहत इन्हें फ़िल्मों में घसीट ले गयी और ये केवल मन बहलाव के गीतकार बनकर रह गये। तुलसी की गेयता शक्ति के कारण ही उनकी 'रामचरितमानस' वहाँ भी पढ़ी-सुनी जाती है, जहाँ उसके लिए जगह नहीं होनी चाहिए थी यानी उनकी ताड़ना के अधिकारी शूद्र और नारी के बीच। मैं चकित हूँ कि मेरे आदरणीय आलोचक पचौरी जी यह जानते हुए कि अब इन तिलों में तेल नहीं है, बेचारों को विमर्श के कोल्हू में क्यों पेले दे रहे हैं?

बॉब डिलन को नोबेल की घोषणा हुए एक सप्ताह बीता था, स्वीडिस अकादमी का उनसे सीधा सम्पर्क तक नहीं हुआ था। वह मल्हारा अपनी प्रस्तुतियाँ देने में मस्त और व्यस्त था। जबकि हमारे यहाँ श्री जी को दस-बीस लाख भी मिलते ही क्या बोतलों के ढक्कन नहीं खुल गये होते? सम्पादक जी ख़ुद आ बैठे होते, बुद्धू बक्से (टी.वी) में कई चैनलों पर एक साथ गुरु गम्भीर मुद्रा में भविष्य वक़्ता की तरह...। उन्हें अकादमियाँ नहीं, वे ख़ुद उनके कर्ता-धर्ताओं को ढूँढ़ लेते।

'पोइट्री इन डार्क टाइम्स' शीर्षक लेख में अशोक वाजपेयी ने दलित-उत्पीड़न, मुस्लिम और महिलाओं के प्रति हो रही हिंसा की ओर इंगित कर थोड़ा आश्वस्त

किया कि एक बड़ा हिन्दू कवि सामाजिक दायित्वबोध के साथ पीड़ितों के पक्ष में आ रहा है।

जनगीत जनान्दोलन की गर्माहट के साथ आते हैं और सहज ही सर्वजन के अपने बन जाते हैं। गाँधी मण्डली के गीत, डॉ. अम्बेडकर के आन्दोलन के गीत, कांशीराम के साथियों-हिमायतियों के गीत, वामपन्थी रुझान के आन्ध्र प्रदेश के दलित लोककवि गददर के गीत–

यह गाँव हमारा रे!
ये खेत हमारा रे!
फिर ज़ालिम कौन रे!
उसका जुल्म क्या रे?

अम्बेडकरी चेतना के गीतों से दूर क्यों गये? जनसंस्कृति मंच से जुड़े गोरख पाण्डे के गीत–

समाजवाद बबुआ धीरे-धीरे...

क्या इन गीतों के लेखक और गायकों को सम्मानित करने के लिए कभी किसी ने संस्तुति की थी? तो क्या सम्मानों को लक्ष्य करके लिखने-गाने वाले कला साहित्य और संस्कृति के ठहरे पानी में डेला मारेंगे? शायद नहीं। निशाना चूक सकता है, अभी अँधेरा है, भोर के इन्तज़ार में ज़िन्दा हैं हम। साहित्य और समाज में अँधेरे की चिन्ता इतिहास में भी है और वर्तमान में भी। शशि थरूर ने एक किताब लिखी है 'एन इरा ऑफ़ डार्कनेस' और वाणी प्रकाशन ने इसे हिन्दी में अनूदित भी कर दिया है। तर्क है कि अंग्रेज़ों ने भारत पर दो सौ साल राज किया, शोषण किया उसकी भरपाई करनी चाहिए, क्षमा-प्रार्थना करनी चाहिए। मेरा ध्यान देश की शोषक जातियों की ओर गया जो दलितों पर ज़ुल्म, अत्याचार, लूटपाट, हत्या, आगजनी चार हज़ार सालों से आज तक करती आ रही हैं। शिक्षा उद्योग सेवा-क्षेत्रों में उनके अधिकार छीने-खाये जा रहे हैं। क्या उन्हें कोई अहसास कराएगा कि वे भी दलित-बहिष्कृत भारत की थोड़ी-बहुत क्षतिपूर्ति करें और अंग्रेज़ के अन्धकार की तरह ग़ैरदलित राज के अन्धकार को भी दलितों के लिए उजाला समझने की भूल न करें?

अन्त में स्मरणीय है कि कई तरह के अँधेरों से लड़ने वाला एक सूर्य है 6 दिसम्बर 1956 को अस्त हो गया। दैनिक मराठा में 9 दिसम्बर 1956 को एक कविता छपी थी–

(अग्निपरि आजन्म प्रकाशन। अग्नीपर चिर निद्रा घेशी॥
विझेल ही चिता परन्तु। प्रकाश राहिल तुझा चिरंतन ॥)

अर्थात्

अग्नि पर आजीवन प्रकाशित हुए, अग्नि पर ही चिर निद्रा ले रहे हो।
यह चिता तो बुझ जाएगी परन्तु तुम्हारा प्रकाश चिरन्तन रहेगा।

बतौर श्रद्धांजलि चिरन्तन प्रकाशन की आस में बस इतना ही।

–श्यौराज सिंह बेचैन
प्रोफेसर, हिन्दी विभाग
दिल्ली विश्वविद्यालय दिल्ली
निवास-1/122 वसुन्धरा, गाजियाबाद-201012
ईमेल : sheorajsinghbechain@gmail.com

अनुक्रम

आशा

बैल-गाड़ी भी–
मयस्सर थी नहीं जिनको
वे हवाई-यान–
में उड़ने लगे देखो॥

दण्ड प्रस्तावित–
थे पढ़ने–देव भाषा पर।
फ्रेंच-इंग्लिश
आज कल पढ़ने लगे देखो॥

कौन

देश-प्रेमी
देश-द्रोही
कौन होता है?
देश की—
आँखें हैं
विद्या और समृद्धि।
साधता है कौन
कौन, छोड़ देता है?
कौन इनकी
रोशनी में देखता है कल
कौन इन आँखों को
जालिम फोड़ देता है।

पाँव से ज़मीन गयी हाथ में न आसमान

मुम्बई से
भरते ही उड़ान
भारतीय विमान
और आसमान
एक हो गये, जैसे
सृष्टि और ज्ञान
पाँव से ज़मीन गयी,
हाथ में न आसमान
उड़ रहे हवा में हम,
अद्‌भुत है चमत्कार
जय हो विज्ञान
इंसानी उन्नति में
तेरा यह योगदान
कर्ण-प्रिय स्त्री-स्वर
गूँज गया भीतर तक।
'लन्दन की यात्रा पर—
प्रस्थान-रत, यात्रियों का,
स्वागत हम करते हैं।
मुम्बई से लन्दन
तक की दूरी
नौ घण्टे तीस मिनट में
तय हम कर जाएँगे।
बाहर का तापमान—

मौसम और आसमान
क्या है, कैसा है?
आप जान पाएँगे।'

और हम बतायेंगे
कृपया हमारी
चन्द बातों पर ध्यान दें
रक्षा उपाय और
उपकरण जान लें
यात्रा सुरक्षा के
नियम हम बतायेंगे
सेवा में आप हमें
तत्पर ही पाएँगे॥

इतने में एक और
दृश्य दिखा पर्दे पर
जाकिट में श्वास
नली से वायु भर
पूर्णतः फुलाया।
और
'यह रक्षा जाकिट है',
समझाया-चेताया
चेतावनी को फिर
दूजे ने दोहराया।
"गौर से सुनें प्लीज़"
फिर एक तस्वीर ने
सामने परदे पर–
मुँह खोला।
उपकरण
देह पर धारण कर
प्रदर्शन करते हुए
यात्रीगण से बोला।

इतने में
परिचारिकाएँ आने लगीं
भोज्य, पेय
वितरण में
व्यस्तता दिखाने लगीं।
भाषा में नरमी थी
कृत्रिम मिठास थी
सेवा करतीं सस्नेह।
शैली भी खास थी
नाना प्रकार की
परोसने लगीं सुरा
किन्तु मुझे पीना क्या
चखना भी था मना।
अर्थ यह नहीं कि
मुझे देवपन नहीं भाया।
साथ वाली कुर्सी पर
नानी की आयु की
वृद्धा जो बैठी थी
पेग दर पेग वह
पीने के बाद जब
धुत्त हो गयी थी तब
प्रश्न कर रही मुझसे
व्हाइ नॉट टेकिंग यू
वैरी लिटिल...
कहते वह
देने लगी दारू
मैं बोला—नो, थैंक्यू
औं', फिर मैं
हैरत में
नानी क्यों—
अपलक ही
मुझको है घूरती

पीने का आग्रह या
शिकवा था आँखों में
साथ नहीं देता जो,
मदिरा नहीं पीता जो
कम्पनी नहीं उसकी॥

यात्रा को नीरस कर
मैंने क्या पाना था?
कतिपय पी लेता भी
लेकिन मैं सोच रहा
जा रहा समुद्र पार—
लन्दन में पहली बार।
भारतीय समयानुसार
वह आधी रात थी
खाते-पीते के
मन में यह बात थी
गोरों की दुनिया में
यानी कि लन्दन में
पहला प्रवेश है
लोग सब पराये हैं,
अनजाना देश है।
ऐसे में होश कहीं
हरगिज़ न खोना है।
खाने के साथ
कोई पेग नहीं लेना है।
सब कुछ से
अनजाना
टीम से अकेला मैं
रातभर न सोना है
आया विदेश में तो
सावधान रहना है।
इतने में खिड़की

से बाहर को झाँका तो
दृश्य मन लुभावन थे
दीख रहा पर्वत और
दीख रहा सागर भी
ऊँच-नीच का अन्तर
लुप्त प्रायः होता-सा
प्रकृति के रिश्तों को
करता जो परिभाषित?
जिज्ञासा थी अशान्त
कैसा यह देश-प्रान्त
प्रकृति विस्तृत होती
साथ रखे झीलों को
खाई-गहराई से
दृष्टि ना चुराता था।
जन्मना ऊँचाई का
भ्रम नहीं है उसको
सचमुच वह नायक है॥
कितना हम समझे हैं
कितना जन जाने हैं
प्रकृति के आँचल में
और क्या खज़ाने हैं।
सर्व सुखदायक हैं
हम पाने लायक हैं?
दृश्यों में खोया मन
उड़ रहा सदेह था
एक वाक्य भीतर ही
घुमड़ यूँ रहा यथा
कि—
"संकट की घड़ियों में
यदि विमान भारत का
सागर में उतारें तो
कृपया रक्षा जाकिट

देह पर धार लें–
औ, विमान से बाहर
आप कर प्रस्थान लें।''
ऐसी घड़ी में तब
भारतीय विमान जब
सागर में उतरेगा
पानी स्पर्श कर
बत्तियाँ जल जाएँगी
जो आपको विमान के
संकट द्वारों तक
लेकर के जाएँगी।
गोया कि काया से
प्राण ही निकलते हों
बाहर निकलने का
मार्ग वे दिखाएँगी।
आप अनुकरण करना
यानी कि सागर में–
सकुशल ले जाएँगी।
समुद्र की लहरों में
धड़कन थम जाएगी
साँसें रुक जाएँगी
मौत रू-ब-रू हो के
ज़िन्दगी तो हारेगी
सोचने लगा फिर मैं
किसको किस मंज़िल पर
पहुँचाएगा विमान।
पाँव से ज़मीन गयी
हाथ में न आसमान
सागर में जीव-जन्तु,
लहरें मृत्यु-समान।
जिसका निकास
आज मृत्यु के मुँह में है
सोचने लगा था मैं–

यदि आपात्काल
ऐसा भी आ जाए
यह विमान
'हिथरो' के–
बजाय
समुद्र में उतारा जाए।
जाकिट लेकर भी क्या
जान बच पाएगी?
तब तो उस असीम का
हो नहीं सकेगा मान
न तो हम
लन्दन ही पहुँचेंगे
न लौटेंगे हिन्दुस्तान।
कौन तब बचाएगा
जाकिट या तैराकी
मैं तैर भी गया तो
बच्चे, बूढ़े बाकी?
धुत्त जो नशे में हैं
नानी का क्या होगा?

इस असीम सागर में
रहते जलचारी हैं।
वे अपनी सीमा के
सच्चे अधिकारी हैं।
यह विमान सेवा जो
उड़ान भर
उड़-उड़ कर वायु चीर
पहुँचाएगी लन्दन
लौटाएगी हिन्दुस्तान
हादसा हुआ तो
ख़बर खींचेगी
किस का ध्यान
पाँव से ज़मीन गयी

हाथ में न आसमान।
थोड़ी है भूमि यहाँ,
थोड़ी है आबादी।
थी इनके हाथों में–
भारत की आज़ादी॥

मेरा विशाल देश,
कैसे हुआ ग़ुलाम?
कहाँ गयी देव-शक्ति,
कहाँ गये साम-दाम॥
सोचने लगा था मैं...

गोरों की कुल संख्या,
दलितों से कमतर है।
हालत पर दलितों की–
बद से भी बदतर है?

वर्णभेद भारत की,
दुर्बलता बुनियादी।
विद्या विहीन बने–
मालिक भी फरियादी॥

पुनर्जन्म-आधारित,
सारा है ज्ञान ध्यान।
कर्मफल तुम्हारा है
निश्चित विधि का विधान॥
पाँव से ज़मीन गयी
हाथ में न आसमान॥

(ज़मींचन्द क्षमा करें, ये कविताएँ ज़मीन से जुड़ कर आसमान में उड़ कर अक्टूबर 2000 की लन्दन यात्रा में लिखी गयी थीं)

दीवारों के बीच

मैं दीवारों
के बीचो बीच था।
दीवारों के कान थे
और कान खुले हुए थे
पर दीवारें सुनतीं क्या?
महसूसतीं क्या?

यों तो मैं
मनुकाल में भी आया था
दीवारों के बीचो बीच
पर चला गया था
बिना कोई परिचय दिए
इतिहास के पृष्ठों पर–
बिना कोई उपस्थिति दर्ज़ किये।

आज फिर आया हूँ
दीवारों के बीचो बीच
बैठा हूँ, उठा हूँ
पूरी दमघोंटू, चुप्पी के साथ
पर जाने क्यों? कैसे
हाल फिलहाल कुछ दीवारों ने
बेचैन-मूक की हूक सुन ली है
भीतर से जर्जर बाहर से टिपटाप
दीवार ने इसे गुस्ताखी की संज्ञा दी है।

यह हूक—बोलने की भूख—
किस गुस्ताख़ ने ज़ाहिर की है?

दानिशमन्दों ने बताया है कि
यह सब हवा का फेर है
मौसम की मर्ज़ी है, वक़्त का तकाजा है।
तो दीवारें कोसने लगीं
उस बर्फ़ को जो
मेरे पेट की आग से
कभी नहीं पिघली।
दुत्कारने लगीं
मौसम की बहार को
जो पीढ़ियों की आशा
के बावजूद, नहीं खिला सकी एक
मनपसन्द फूल।
ऐसा फूल जिसे
मन नायक कहता
कि जो करेगा कुछ—
ख़ुशबू जैसा।
मैं उसे अपने सिर पर
उठा कर नाचूँगा-गाऊँगा
खुशी और गम के
मिश्रण मद में मदमाता
रात भर जागूँगा,
भोर होते सो जाऊँगा।

फिलवक़्त मैं
दीवारों को आपस में
गुफ़्तगू करते देख रहा हूँ,
समझ रहा हूँ।
हृदय न होने
और कान होने का
कितना अतिरिक्त
लाभ ले रही हैं दीवारें।
मेरे बोलने पर—

तंज़ कसती हैं
मेरा रंग, मेरी जात,
मेरा धर्म और मेरी नस्ल को,
संस्कारों की सवारी में बैठे
स्वभाव के सैनिक
पूर्वग्रहों के पहियों से कुचल देने को आतुर हैं।

दीवारें हैं कि
अपना सपोर्ट सिस्टम
हटा लेने को उतावली हो रही हैं।
और छतें तो बेताब हैं–
मुझे ज़मींदोज कर देने को।

तभी एक कच्ची गँवई मिट्टी की बूढ़ी दीवार
मेरे बचाव में आती है–
मुझे अपनी ममताभरी छाती से सटाती है।
सबसे पहले वह
मेरे भीतर के डर को डकार जाती है।
तब उसकी गन्ध
मुझे माँ के दूध की गन्ध का अनुभव कराती है
मानो मैं
शिशुता में लौट आया हूँ
माँ का दूध जैसे
उसकी करुण कथा का पान कर रहा हूँ
मैं तृप्ताया–
उसने मुझे गोदी में बिठाया।
और फिर तितरफ़ा घेरे खड़ीं विध्वंसक दीवारों–
का कलुषित इतिहास बताया।

यह जो अधुनातन
परी बनी खड़ी है
यह मुझसे पुरानी है, क्रूर है, खूंसट है।
इसके गालों के गड्ढे
कल ही पुट्टी कर

भर दिए हैं रामवीर पेंटर ने।
तू इसके रंग-बिरंगे
चमकते-दमकते आवरण पर मत जा
इसके बर्ताव से
राज खुल रहा है इसके आचरण का
आख़िर उसने—
मेरी प्रश्नाकुलता को भाँपा
कौतूहल के केन्द्र में झाँका
जिज्ञासा के ज्वर को मापा
और अपराध बताया—
तुम्हें सुना गया है
पर मैं तो मौन हूँ,
मैंने कुछ नहीं कहा है।

मेरे यहाँ तो
दादा परदादा के ज़माने से—
होंठों को बन्द रखने का पुश्तैनी सिलसिला है।
फिर मेरे अपराध क्या हैं?
मुझे बिना बोले कैसे सुना गया है?

तुम भोले हो, बेवकूफ़ भी हो
यह हिडेन कैमरों, छिपी रिकॉर्डिंग का ज़माना है
मुझे लगा अब तो
दीवारें अतिरिक्त एडवांस हैं,
होंठ हिलने और आँखें खुलने से कोई वास्ता नहीं है,
वे दिल की धड़कनों को सुनती हैं
आँखों में समाए सपनीले दृश्यों को
लैपटॉप की हार्डडिस्क की तरह कॉपी करती हैं।

मैं दीवारों के द्वन्द्व में सटपटाया
मुक्त करो! मुक्त करो!!
अपनी शब्दहीन चेतना में चीखा-चिल्लाया और
सपनों की जद्दोज़हद से निकल कर
पसीने में लथपथ बाहर आया।

(रविवारी जनसत्ता, 5 जुलाई, 2015 से)

आँखों में सवेरा

पता नहीं
किस धुन में
गाये गीत ज़माना,
पता नहीं
अधसुना
छोड़ कर
कब हो जाना
पूर्वजन्म जिनका
होता हो वे बतलाएँ
मेरा तो
निश्चित नहीं
होगा वापस आना।
इसलिए मैं,
देता हूँ
परिचय लो मेरा।
शाम कभी भी
आ सकती है
पता नहीं फिर
किन आँखों में
बचे सवेरा
पीछे की धुन छोड़—
तुझे आगे है जाना।

मुझे देख ले समझ–
नहीं कुछ है समझाना।
पता नहीं
किस धुन में
गाये गीत ज़माना॥
वीणा
खंडित हो जानी है
और तार का
तय है
तार-तार हो जाना॥

एक यात्रा जैसा

आँखें एक कैमरा गोया
अन-गिन चित्र खींच लेती हैं
अहसासों की अमिट छाप वे
हृदय में अंकित कर देती हैं।

स्मृति एक
फिलॉपी जैसे
दिल-दिमाग़ के
कम्प्यूटर से जुड़ी हुई है।
अवचेतन की हार्ड—
डिस्क में ले जाती है।

जीवन एक यात्रा जैसा
साथी सब, संग एक नहीं है।

दिल में देश नज़र में दुनिया

सुबह के सात तीस का समय
उड़ रहा लन्दन ऊपर यान
बर्फ़ के बादल जैसे दिखे
सहज आकर्षित करते ध्यान।

यहाँ अक्टूबर में बरसात,
एकदम अद्भुत है क्लाइमेट।
अभी थी सावन जैसी घटा।
और फिर गरमी जैसे जेठ।

प्रकृति का यह असीम विस्तार,
दिखा आँखों को पहली बार।
देश की सीमाओं से दूर–
यहाँ मैं सात-समुन्दर पार।

ज़हन में है अपना ही देश,
देश के वाशिन्दों में जात
अछूतों का दिल सहता दर्द,
गुलामी से बदतर हालात।

आज उनकी आँखों में अश्रु
असम्भव कैसे सम्भव आज
क्रूरता है जिसका किरदार,
विषमतावादी वर्ण समाज।

(लन्दन : 15 अक्तूबर 2000)

अचम्भा

आँसू यानी
वेदना
उनकी
आँखों में कैसे?
है तो फिर इतना
अचम्भा क्यों है?
जैसे अघटित घट जाना
उनकी आँखों में आँसू आना।
खून ही आता था—
उनकी आँखों में।
दलितों, पिछड़ों, स्त्रियों और
मुसलमानों के ख़िलाफ़।

प्रतिभा-गुण
जन्मना नहीं
किसी धन्ना सेठ
या किसी जाति विशेष की—
बपौती तो बिल्कुल भी नहीं।
पर कितने
दलित—कालिदास
कितने कबीरदास
कितने
राकेश शर्मा

कितनी कल्पना चावला
परिवेश के अभाव में,
वर्णभेद के दबाव में।

जन्म लेने से पहले ही
व्यवस्था की भेंट चढ़ जाते हैं।
क्या हम कभी
जन्म भेद से होने वाली
देश की क्षति का
आकलन करते हैं,
हिसाब लगाते हैं?

साथ-सफ़र में

यूँ होने को
कम नहीं होते
सोलह-सत्रह साल
पैदा होकर
किशोर हो
जाती हैं भावनाएँ
पर वह तो
दशकों से
मेरा पीछा करती आयी
देह बदल कर
उम्र बदल कर
रूप बदल कर
रंग बदल कर
धर्म बदल कर
जाति बदल कर
एक निरन्तर
सुन्दरता का
गुच्छा बन कर
मेरे लिए
अनछुई
अनभोगी अनुभूति
सदा सदृश्य
स्तब्ध शान्त

वह
रिझाती, उकसाती
और स्वयं की
ओर खींच कर
ले कर जाती
वह मेरा
पीछा करती है
क्यों लगता है
कोई स्वर मेरा पीछा करता है
या मैं उसका साथ सदा
अनुभव करता हूँ
क्या यह
सम्बन्धों का क्रम है
सृष्टि में कोई
ऐसा नियम है?
'रुको ज़रा
ठहरो मैं आयी।'
ऐसा क्यों
पड़ रहा सुनायी?
मुझको क्यों ठहराना चाहती?
ख़ुद तो साथ कभी नहीं आती
किसी रूप में
किसी समय में
किसी के घर में
किसी बाप की
बेटी बन कर
किसी शिशु की
अम्मा बनकर
अपनापन, माधुर्य का
छलछला समुद्र जैसे
बड़ी-बड़ी

उसकी आँखों में
ख़्वाब नहीं,
आँसू देखे थे।
प्रतिदिन मरती प्रतिदिन जीती
उस स्त्री की कोई
उम्र नहीं हो सकती॥

आभास

जब मैं पहली बार–
विमान में चढ़ा था।
समुद्र के ऊपर से उड़ा था,
मुझे याद आया
ब्राह्मण-ग्रन्थों में
समुद्र यात्राओं पर
पाबन्दियाँ लगी थीं।
क्यों, एक संकुचित
दायरे में रखा था मुल्क?
प्रकृति की पुस्तक के
सफ़े हज़ार
विस्तार अपार,
मोहता रहा
बार-बार
कितना कम पढ़ पाया
दुनिया को मैंने
जितना पढ़ता हूँ
अल्पज्ञ होता जाता हूँ।
स्वदेश आये
विदेश पार
सागर सात
जहाँ मुश्किल थी एक की बात॥

अमेरिका

अमेरिका
तुम मेरे देश की
स्मृतियों की
दलित प्रथा
का विस्तार हो
अथवा
हमारे यहाँ का
दलित उत्पीड़ित
दबंगवाद
ब्राह्मणवाद
निर्विवाद
तुम्हारे विस्तार का
संकुचन है
सुना है तुम्हारे
यहाँ विविधता है
हमारे यहाँ
एकाधिकारी मन है।
तुम्हारे पास
जो डर है।
वह
दलितों के गाँव में
दबंगों के साम्राज्य में
घर-घर है।

राहतें
यहाँ भी मिलती हैं
ऊँट के मुँह में जीरा
जैसे कोई
एक हाथ से बम
दूसरे से रोटी फेंकते हो
इस विवशता भरे
देश में दलितों को समता कहाँ है?
इंसानी नस्ल में
भेदभाव है
ग़ुलामी गहरा घाव है।
झुग्गियों में आग लगाकर
नये आवास देने के वायदे बरसा कर
वोट माँगने वालों में और
नागासाकी पर बम-वर्षकों में
अन्तर कहाँ है?
क्या हम नहीं समझ पाये
कि तुम–
मानवीय सहायताएँ
परिभाषित–
करने के लिए भी
शब्दों और सहानुभूतियों
से नहीं
गोलियों से बात करते हो।
दलित
क्या तुम्हारा उपनिवेश है?
शिक्षा साहित्य
कला और संस्कृति की विविधता के बरअक्स
दलित के लिए
क्या तुम हो ब्रिटेन
और क्या अमेरिका हो?

मानवता के लिए

अर्नेस्ट रेनन
ने ख़ूब कहा था—
"व्यक्तियों समाजों को
राष्ट्र में तब्दील होने के लिए
सबके सुख-दुख—
साझा करने पड़ते हैं।"
हमने देखा—
कालों-गोरों में ऐसा हुआ।
डायवर्सिटी ने—
आदर्शों के उच्च शिखरों को छुआ।
परन्तु क्या
ब्राह्मण, अछूत
सुख-दुख
सम्मान-अपमान साझा करने के लिए
निकल पड़ेंगे?
जिन मुसलमानों,
दलितों को मारते हैं द्विज तत्त्व
क्या वे उनकी रक्षा करेंगे?
क्या वे अपने कुकर्मों
के लिए शर्मसार होंगे?
अस्पृश्यता मुक्त
भारत बनाने में
मददगार होंगे

ये दिन उनकी
मुखरता और
बड़बोलेपन के हैं
सो वे बोले–
कौन कहता है हम
सुख-दुख साझा नहीं करते हैं
ब्राह्मण–ब्राह्मण के
बनिया–बनिया के
कायस्थ–कायस्थों के
अजगर*–अजगर के
कष्ट ख़ूब हरते हैं।
जाति भीतर बहुमत से
सब कुछ तय करते हैं
हम हैं डेमोक्रेटिक
हमसे दलित लोग डरते हैं।
दलित के लिए
भाले हैं, लाठियाँ हैं
क्योंकि
देश हमारी
सर्वजन एकता नहीं
राष्ट्र हमारी वर्चस्व सिद्ध जातियाँ हैं।

---

* अजगर–अहीर, जाट, गुर्जर और राजपूत।

भ्रम यह है कि

सुख तो यह कि
पढ़ रहे हैं हम,
हक के लिए—
लड़ रहे हैं हम।
दुख यह है कि
सोए हैं बहुत
जागे हैं कम,
भ्रम यह है कि
पा गये सब कुछ
सच यह कि
अपने हाथों से
सब कुछ हार
गये हैं हम॥

दुश्मन रखे
स्वागत, सत्कारों में
रोशनी दे दी उन्हें
खुद गये अन्धकारों में
देवता, अतिथि
दैत्यों, द्रविड़ों ने
बिठाया सिर माथे
और घर वाले—
लात मार फेंक दिये
गाँव घरों से बाहर जंगलों में।

आँखें

जो बन्द थीं,
उम्मीद लेकर
और
जो खुली थीं
सपनों से
लबालब होकर।
वे आँखें–
बाँझ नहीं थीं।
वे जागी हैं
इन्तज़ार लेकर।
वे सोयेंगी
दुनिया भर
का प्यार लेकर।
वे आँखें,
समझती हैं–
प्रसूति की पीड़ा।
वे आँखें
ममता से,
भरी-भरी हैं
लेकिन
सखेद तत्काल
सिवाय आँसुओं के
वे कुछ

पैदा नहीं कर सकी हैं।
न सपने
न उम्मीदें
और न भविष्य
यहाँ तक कि
दूर तक देखने
की सामर्थ्य भी नहीं।
आँखों को होता है–
धोखा।
आँखों से आशंका
थी यही–
सो आ गया
मौक़ा॥

आज़ादी यहाँ है

क्या कहा!
कट्टर पन्थ
दलित चेतना के साथ
बलात्कार कर रहा है?
और उदारवाद?
घर-घुसने में समर्थ है
इसलिए वह
स्वार्थपूर्ति
करने में लिप्त है।
तो मुक्ति कैसे?
प्रश्न किया
उसने समय से।
मुक्ति
सन्देह में
अविश्वास में
संवेदनहीनता
और
'एकला चलो'
की धुन में
एकला यानी
कोटि-कोटि दलित समूह।
बस्तियों से बाहर बस्ती
गाँव से बाहर गाँव

रहो वहाँ
जहाँ न कहीं छत
न कोई घर
न कोई आँगन
न कहीं छाँव
कारागार का
पर्याय गाँव।

संस्कृति से
अलग संस्कृति
सोच से
अलग सोच

मैं चुप था
तो वे
अपनी कहते थे।
मैं बोला
तो उन्होंने रोक दिया कि
तेरी बात
हम कह चुके हैं।
जैसे पोलिंग बूथ पर
पहुँचने से पहले ही
पड़ चुके अछूतों के वोट
शालीनता के साथ
अलंकार और
श्रृंगार सजा कर
मनोरंजनात्मक शैली में।
अलंकृत भाषा में
मैं उनका और वे
फिरंगियों के
ग़ुलाम थे
तो वे केवल अपनी
मुक्ति की फ़िक्र किया करते थे

मैं जब मुक्त
होने लगा तो
वे बोले
आज़ादी तेरा—
हिस्सा है।
तेरा हक है—
तेरी धरोहर है।
मिल बैठकर—
तय कर लेंगे
मसलहात
अपने हैं
मुल्क अपना घर है।।
सब्र कर
जल्दी क्या है?
तेरे हिस्से की आज़ादी
सुरक्षित है हमारे पास।
यहीं रहेगी
जानी कहाँ है?

कशमकश

(1)

मेरा जीवन
नये-पुराने
अच्छे-बुरे
विचारों का
युद्धस्थल है।
इस जीवन
में युद्धस्थल में
कौन मीत है
कौन शत्रु है?
छिड़ी हुई है
बड़ी लड़ाई
परिवर्तन की

(2)

छोटी-मोटी सब लड़ाइयाँ
जीत-हार कर आया हूँ मैं
सत्य-असत्य
विपक्ष-पक्ष का
सब हिसाब—
कर आया हूँ मैं।
पर अब जब यह युद्ध

बनने जा रहा है,
इतिहास का अध्याय
होने जा रहा है।
ध्वंस को
कर पार
सृजन आ रहा है।
द्वेष स्नेह–
सहयोग के
मेरे 'शब्दकोश' में
खुशकिस्मती
के लिए
पर्याप्त शब्द नहीं हैं
जो भाग्यवाद से
बगैर जुड़े
मेरे स्वभाव का भार उठा सकें
इसलिए
मुझे कहने दिया जाए
कि मैं
सब कुछ हार कर भी
विजेता हूँ
क्योंकि
वे मेरे साथ हैं
मेरे सत्यशोधक
और मैं कोई व्यक्ति हूँ यह केवल
वही सोचें
जिनके लिए मैं
एक व्यक्ति की तरह ही मिला हूँ।

(25 जनवरी 1999, बस संख्या 913 में)

अभिव्यक्ति

(1)

अगर
लिखने-बोलने
की आज़ादी
सुनिश्चित
न कर दी जाती
संविधान में
तो मेरा दम
घोंट दिया होता
ठाकुर ने, बामन ने
मौमिन ने, शेख ने, खान ने
मुझे
बोलने क्यों दिया होता
धरती के ख़ुदाओं ने
दौलत के भगवान ने।

(2)

पर
महत्त्वपूर्ण
यह नहीं कि
मैं बोला,
महत्त्वपूर्ण है कि मैं
क्या बोला—
किस के लिए बोला
किस समय बोला।

आज़ादी

एक वर्चस्व के लिए
सौ अस्तित्व के लिए
अनेक परिवर्तन के लिए
एक यथास्थिति के लिए
बहु शुभ-दिन के लिए
एक दुर्दिन के लिए,
लड़ ही तो रहे हैं।
बावजूद सदियों से
सन्तृप्त सपनों–
की शहादतों के
बावजूद इंसानी हकों के
राहतों, रियायतों
और भीख में बदलते हुए
एहसास और असन्तोष
यूँ ही नाकाम नहीं हैं।
किस्तों-किस्तों,
टुकड़ों-टुकड़ों में ही सही
कुछ पाया तो है।

पहाड़-सी बेचैनी–
में राई-सा सुकून
सागर-सी प्यास में
स्वाति की बूँद-सा जल
मिला तो सही।

क़ातिल की—
हमदर्दी
लुटेरों की दया
आक्रान्ताओं
की ओर से सुरक्षा
सब्र हो तो काफ़ी है।
क्योंकि उनकी ओर से
हमारे लिए यही अपरिभाषित आज़ादी है॥
कभी संकट
रास्ते का था
अब पगडंडियाँ ही
पगडंडियाँ
रास्ते ही रास्ते हैं
मंज़िल कहीं नहीं है।
जीवन गुज़र
गया सफ़र ही सफ़र में।
वे जन्मे ही सेवार्थ
समर्पण के लिए
उन्हें राहतें सपने और इच्छाएँ
सब को दरकिनार रख कर
बस दिलों में
उम्मीदें बाँधे रखी थीं
जैसे गाँव छोड़ कर
जाती माँ ने
अतीत, वर्तमान और
भविष्य सब एक साथ
बाँध लिए थे, एक ही पोटली में।
उनके पास उल्लुओं-
जैसी बड़ी-बड़ी आँखें थीं
रात में देखने वाली—
पर दिवा-दृष्टि नहीं थी।
और हमारे लोग

हो गये, निंद्रा-प्रिय
पर स्वप्नदर्शी
तो कतई
नहीं हो सके वे।
यदि देख पाते
सपने तो पाने के
लिए लड़ मरते।
दरअसल
जिनके ज्ञान पर
पाबन्दी होती है
उनके सपने पहले
ही ग़ुलाम हो जाते हैं।

सवाल

स्वराज से भी बढ़कर थी
उनकी वर्ण सर्वोच्चता
पेशवाई की तबाही थी अछूत के घर
सछूत के लिए तो हर रात दीवाली थी
और हर दिन अच्छा दिन था
यदि कुछ नहीं था तो अछूत का
यदि कुछ नहीं है तो दलित का
समता का सवाल आज भी
मुँह फाड़े है कल भी मुँह फाड़े था?

अपने ही घरों में

वे कहीं से नहीं आये–
कलम रोपे नहीं गये थे हमारे पुरखे
इसी ज़मीन से जन्मे थे।
वे खड़े हुए पहाड़ों की तरफ़
और झेलते रहे बारूदों के वार
जो उन्हें कोयला में
बदलने के लिए तैयार किये गये थे।
ऐसा नहीं था
कि वे अत्याचारों-उत्पीड़नों से
लड़ नहीं सकते थे,
या सामना नहीं कर सकते थे
भीतर-बाहर के, दुश्मनों का
ऐसा भी नहीं है
कि वे आवाज़
बुलन्द नहीं करना चाहते थे
पर उनके
कानों में शीशा पड़ा था
ज़ुबानें काट दी गयी थीं
और वे अपने ही घरों में
क़ैद कर लिये गये थे।
धर्म शास्त्रों और ऋचाओं की
व्यवस्थाओं के अनुसार।

अफ़सानाए–अफ़सरान

क्या हुआ, यदि वह
कोटे से,
छोटे-से बड़ा
अफ़सर बना।

कल के बॉस
आज सबोर्डिनेट हो गये।
अफ़सर
तो जुटा
पार्टियाँ-दर-पार्टियाँ
अरेंज करने-कराने में
और सहकर्मी
लगे क्रिया-कलापों की
सीमारेखा
आकलन कर
बताने-बतियाने में।
एक बार
अफ़सर ने सोचा
पार्टी में मूर्धन्य
लेखकों को बुलाया जाए।
पत्रकारों को—
मटन, चिकन खिलाया जाए।
किसम-किसम की
अंग्रेज़ी का

पेय पिलाया जाये।
मन्त्री की मार्फ़त
बच्चों का
दाख़िला
व्यावसायिक स्कूलों में
कराया जाए
डोनेशन का
काला पैसा
चुपचाप
पिछले दरवाज़े से
पहुँचाया जाए।
रसीद नहीं
डोनेशन
कैपीटेशन फीस पर
आयकर देने से
बचाया जाये
और तब
देश के कोष में
योगदान का
प्रश्न ही नहीं उठता।
क्योंकि,
मैरिटोरियसों का
जन्म इन
चार संस्थाओं से ही
होना तय हुआ है।
अफ़सर प्रमोशन पाते ही
तुकबन्द हो गया
सोचा दफ़्तर ही में
कवि गोष्ठी करा दी जाए।
अड़ोस-पड़ोस को दिखा दिया जाए
मैं भी कुछ हूँ
सैलीब्रेट

मॉडर्न तरह से करना है?
कार्ड महँगा-प्रिंट कराना है
तरह-तरह के बिस्कुट मँगाने हैं?
दफ़्तर में ख़ुशी कम
खुसर-फुसर ज़्यादा थी।
सामने सर-सर थी
पीठ-पीछे अगर-मगर थी
(सामने) जी, हाँ, जी, हाँ
आप तो
डिजर्व करते हैं
आपको तो
जनरल में ही
प्रमोशन मिल जाना था।
रिजर्व पर क्यों
आपको तो–
ओपन पोस्ट पर आना था।
कोर्ट की रूलिंग है–
कोट कर सकते हैं आप।
पीठ पीछे एस सी है
स्साला रिजर्व का है।
मैरिट वालों के
सिर पर बैठेगा।
जैसे हम लेते थे
मेज़ के नीचे से
अब शायद यह
भी हमारी ही तरह ऐंठेगा।
डिजर्व कहाँ करता है–
होगा पासी, खटीक
भंगी या चमट्ठा
उल्लू का पट्ठा।
जाके तनिक देखे तो गाँव में
कितना प्रमोशन है

अफ़सर की कौम का
सूअर चराती
घूम रई होइगी चाची ताई,
तिवारी के
अम्मा ठाकुर जी के
गयी होइगी कमाने को
बहन का हाल बुरा होगा
ख़ुद एक बार जाइके देखे तो गाँव में
भंगी कितना बड़ा अफ़सर है
बामन तो नहीं बन गया होगा।
गाँव में प्रमोशन क्या होगा?
और यदि
हुआ चमार तो
तो क्या घरवाली
घास खोद रही होगी
बेचारी गाँव में ही
छोड़ रखी होगी
और इधर
लाली पाउडर
मैकपवाली
चमक्को-दमक्को
बनी बैठी होगी घरवाली
और यदि दलित अफ़सर
हुआ पासी तो क्या
पासिन नहीं होगी परेशान?
और भई खटीकिन तो
तो भी बनी होगी काम वाली
होगी दुर्बल रोगी
फिर भी उससे
पाँय चप्पई करा रही होगी।
जिसको
ऊँच-जात कहते हैं
जो सुविधाभोगी होती है।

अँधकार

न था मेरे हँसने
में इतना दम कि—
दुनिया
हँसती मेरे संग-संग—।
न रोने में इतना ग़म
कि दर्द सुन संसार
हो उठे करुणामय
मेरे कण्ठ के संग
कविता की, सोच की
संघर्ष की, सच्चाई की
क्या बात?
सम्बन्धों की क्या बिसात
बच गये चाटुकार
खंडित हुए आदर्श
मिट गये पद-चिह्न
रास्ते रह गये सीधे सपाट
पर मंज़िल विलुप्त और
सफ़र सिर पर सवार।
आगे अनिश्चितता की दीवार
और पीछे वही बूढ़ा
खूसट और खूँख्वार
अन्धकार॥

एतराज़

जिस बेटे को
बीस साल तक
पाला-पोसा
पेट-काटकर
सर्दी-गर्मी
भूख-प्यास में
स्नेह दिला कर
दूध पिला कर
बड़ा कर दिया
कष्ट उठा कर
वही पुत्र जब
लगा पूछने
'माँ' तुम ने क्यों
'प्रेम पत्र'
लिख कर भेजा था—
किसी पुरुष को?
'माँ' तुम को
ऐसी गुस्ताख़ी
करनी थी क्या?
वह भी गैर-कौम में
जा कर—
सोचा क्या था
माम तुम्हारी
करनी थी क्या?

इसी सत्र में

यह उनके साहित्य की–
संसद का शीतकालीन सत्र है,
चल रहा है जैसे
स्वचालित यन्त्र–
हों मनुष्य भी।
प्रतिनिधि
बैठते हैं, उठते हैं
खाते हैं पीते हैं
आते हैं जाते हैं
ऊँघते हैं जागते हैं।
बुनियादी प्रश्नों से
दूर-दूर भागते हैं।
कुर्सियों को–
बोझ से थकाते हैं
बढ़ता हुआ–
देह का भार
है अपार
पर मजाल है कि–
मुँह से एक शब्द बोलें–
रोज शाम
संसद से उठते हैं
आरक्षण के मसीहा
वंचितों के पक्षधर

दलितों-पिछड़ों और
स्त्रियों के अनन्य
समतावादी स्वनाम धन्य
जैसे वे किसी
अपने आत्मीय को
दफ़ना कर वापस आये हैं।
सपने भविष्य के
मन मारे बैठे हैं—
भीतर अकुलाते हैं।
संसद की—
वातानुकूलित गुफ़ा में
पुनर्वापसी की
कामना के साथ
अन्तर्धान हो जाते हैं।

पढ़ी थी

वे पर्दे से बाहर आयीं नहीं
कि बदचलन कहलायी नहीं।
और वे माताएँ,
जो अपनी कोख में
कन्या-भ्रूणों
को नहीं बचा सकीं।
सर्वे में पाया गया है कि–
वे सम्भ्रान्त घरों की बेटियाँ थीं।
वे कुलीन-घरानों–
की महिलाएँ थीं।
वे अनपढ़ देहाती
दलित आदिवासी नहीं थीं।
वे रूढ़िवादी नहीं थीं–
पूरी आधुनिकाएँ थीं।
ऊँची पढ़ाई पढ़ी थीं।
वे नज़ाकत और
नफ़ासत में पली थीं
पर वे रूढ़ियों की
बेड़ियों में जकड़ी थीं।
सोच की हथकड़ियाँ
उनके खूबसूरत हाथों में
गहनों की तरह पड़ी थीं।
वे दलित, ओ.बी.सी.,
आरक्षण रूपी–
प्रतिनिधित्व के
ख़िलाफ़ लामबन्द हुई थीं।

कर्म पुजारिन

(1)

वे बुर्का पहन कर,
यूनिवर्सिटी गयीं।
मज़हब अपनी जगह
पर वे पढ़ीं-लिखीं और
इंजीनियर बन गयीं॥
क़ानून पढ़ा,
मज़हब को क़ानून—
मान लेते हुए भी
और वे मीलार्ड—
जज बन गयीं।

(2)

पिता-पुत्र और पति
पर आश्रित होकर भी
उसने विमान उड़ाने का
प्रशिक्षण लिया।
और तुमने
क्या किया?
बे-पर्दा क्या
तुम तो अर्ध-लिबास
भी हो गयीं तब भी।

अवकाश के क्षणों में
अकसर देवता
बाहर पड़ा रहा
तुम्हारी प्रतीक्षा में
हार कर
चला गया और तुम
बदलती रहीं साड़ियाँ
चमकाती रहीं मांसल देह।
जब हुईं
चलने को तैयार
तब तक तरक्की का
कारवाँ जा चुका था दूर
पहुँच से भी—
और सोच से भी।
माना, तुमने
सीख लिये सौन्दर्य
प्रसाधनों के उपयोग
हुआ तो किया
करवाचौथ का व्रत
सन्तोषी माता की पूजा।
और जब
केएनसी में
बोलीं कौशल पवार
कि मैंने तो की है—
लव मैरिज
पति को तो
मैं भी करती हूँ प्यार
पर व्रत नहीं रखती
कोई दिखावे का
आडम्बर नहीं रचती?
छा गयी स्तब्धता
सन्नाटा आर-पार।।

बच कर रहें

उनको हक है वे—
अपने वेदों को अपौरुषेय
मानते हैं, मानते रहें।
बेशक वे
इंसानियत की पाठशाला में—
समता, स्वतन्त्रता का
क ख ग न जानें न मानें।
स्वयं को विशेष
गुरुओं की सन्तानें कहें।
और देश की
निरक्षरता पर मौन रहें।
उनको हक है
वे चाहें तो हर पंडा-पुजारी को
अनटचेबिलिटी फील्ड का—
वर्ल्ड चैम्पियन कहें

पर जब वे
दलितों-आदिवासियों के
धन-धरती
और व्यवसाय—
छीन कर अपनी
समृद्धि बढ़ाएँ
और तब

संसद सो जाए।
क़ानून—
किताबी रह जाए।
गरीबी के
ऐतिहासिक—
सामाजिक
कारणों पर
कोई न जाए?
यह सबको हक है कि
वे अपना-अपना धर्म
इस्लाम, सिख,
बौद्ध, जैन,
आजीवक और ख्रिस्ती
सब श्रेष्ठतम जताएँ।
और ऊँच-नीच को—
जाति-भेद को
अपनी उपलब्धि की तरह बचाएँ
पर देह के साथ-साथ
दिलो-दिमाग़ों की अस्पृश्यता
झेल रहे लोगों को किस ने
कहा कि वे अपनी धार्मिक
संस्कृतिजन्य—
पृथकता/स्वायत्तता—
की बलि चढ़ाएँ।
क्यों पराये
वेदों की पुत्री
मनुस्मृति की
सत्ता को अपनाएँ?
क्यों गुरुडम में
अवसर रूपी अँगूठे कटाएँ।
क्यों उनके कायदों में जाएँ?
ज्ञान-ध्यान की सोचें

और शंबूक की गति पाएँ?
बेशक–
शंकराचार्य को ज्ञानी,
पण्डों को पैगम्बर–
और पत्थर को ईश्वर कहें।
आप अपने–
विवेक से काम लें
तार्किकता की धार
भोथरी न होने दें
और इनसे बच कर रहें।
मुस्लिम माता-
बहनों की मर्ज़ी–
वे अपने मियाँ की मानें,
बुर्क़ों में रहें, या बेपर्दा।
वे फैमिली प्लानिंग को
ग़ैर-ज़रूरी मानें या
पैदा ही न करें
एक भी औलाद।
वे क्यों न वैसा करें–
जिसमें वे महफ़ूज़ रहना
महसूस करें
अपना मुस्तक़बिल?
कैसे मान लें वे–
उसी को मसीहा जो
बार-बार साबित हुआ
बेमुरव्वत-बेदिल
और उनका क़ातिल।

वाद-विवाद

कम्युनिस्टों को—
भला कौन रोक सकता है
कि वे न कहें कि—
हर बला आर्थिक है
हर व्याधि पूँजी है
हर इलाज वर्ग-संघर्ष है।
और वर्ण-भेद?
पवित्र है भोली गाय है।
अक्षत रखना है उसे
और
कहना है यह कि—
भारत में जाति समस्या
साम्राज्यवाद की देन है
और
ब्राह्मणवाद—
सबसे ज़्यादा
चमारों में है
उनसे कम
महारों में है
'माँग' और
भंगियों में
भी है थोड़ा-थोड़ा—
ब्राह्मणवाद

ब्राह्मणवाद से
मुक्त नहीं हैं,
यादव, खटीक, तेली, कुम्हार।
धोबी-पासी, नाई
कुल मिला कर
ब्राह्मणों को
छोड़ कर सभी में
ब्राह्मणवाद विद्यमान है।
मौजूद है
दलित साहित्य की
अवधारणा के लिए
इससे अधिक
और क्या
दे सकते हैं पाण्डे जी,
तिवारी जी,
दीक्षित जी और
गुप्ता जी।
लेकिन
यह कोई समाधान नहीं
समस्या की बुनियाद है।
इसमें
'वाद' कम ज़्यादा विवाद है।

यथावत

अतार्किक—
अवैज्ञानिक—
मसीह-महिमा
पर आधारित
ईसाइयों के—
दावों से एतराज़ कैसा?
जिन्होंने लिया
सेवा करने
का धार्मिक व्रत
तालीम से
जिन्होंने
त्याग दी तंगदिली।
अंग्रेज़ी भाषा के
साथ जो
ले आये आधुनिक विचार।
लोकतांत्रिक सोच दे कर
कर दिया आधुनिकता का विस्तार।
बन गये
लार्ड मैकाले के
मानसपुत्र
उनका
अंग्रेज़ी विरोध करते हुए भी॥
बाकी हम क्या करें उन सुतर्कों का,

सुदीर्घ और अन्तहीन बहसों का
जिनके नतीजे
सामाजिक यथास्थिति—
यानी कि वही
ढाक के तीन पात रहते हैं।
पंचों की रायें सिर माथे—
यथास्थिति रूपी
परनाले वहीं के वहीं बहते हैं।
वर्ण मुक्त
जाति विहीन
समाज बनाने पर
करते हैं बहसें और
घर लौट कर
ब्राह्मण-ब्राह्मण
कायस्थ-कायस्थ
अछूत-अछूत बने रहते हैं।

नैसर्गिक

उन्होंने अपनी
पूरी प्रतिभा
का उपयोग किया।
पूरी ऊर्जा—
लगा कर लिख दिया—
कि मानवेतर हैं—
मानव नियन्ता विचार
उन्होंने लाखों—
प्रयास किये और
एक के बाद एक
कायदे स्थापित किये।
हज़ारों सफलताएँ प्राप्त कीं।
तय किये—
कुछ नियम-अनुशासन
कि किन रास्तों पर—
कौन नहीं चल सकेंगे।
वे हैं हमारे अंग पर
गाँव से बाहर और
शहरों के—
स्लम्स में वे ज़रूर बसेंगे।
वे जो इतिहास में—
ज्ञान-ध्यान
पाने के अधिकारी नहीं थे।

और अब वे
वर्तमान शिक्षा संस्थानों के
शुल्क अदा
करने के लायक न बन सकेंगे।
वे करेंगे—
सेवाएँ केवल सेवाएँ
स्वदेशी स्वामियों की।
और स्वेच्छया
निभाएँगे मर्यादाएँ।
अन्ततोगत्वा
नयी सूरतों के
नये तरीकों से
ग़ुलाम बनेंगे।
अछूतों पर
सछूतों का राज होगा।
उसका स्वराज
महलों,
फ़्लैटों की
उपनिवेश
बनेंगी
दलितों की
झुग्गियाँ झोंपड़ियाँ।
फिर भी कुछ थीं शक्तियाँ
जिन पर
ज्ञानियों का वश नहीं चला।
वे हवा को क़ैद नहीं कर सके—
सूर्य की किरणों का—
उनसे नियन्त्रण नहीं हो सका।
पाताल का पानी
बिना भेद-भाव मिल गया वंचितों को भी।
जल जंगल ज़मीन
से जुड़े होने से

अन्त में वे
प्रेम-विश्वास और मनुष्यता
सब कुछ हार गये।
पृथक परिचय के अभाव में
सब उपक्रम बेकार गये।
इसलिए वे
दिन भर,
दिन की बात करते हैं।
रात के कालेपन पर
कान नहीं धरते हैं।

डर

जो ख़बर अख़बार में छपती नहीं
टी.वी. चैनल पर कहीं दिखती नहीं
उस ख़बर को फेसबुक पर फेस करता हूँ।
इन सवर्ण-समृद्ध हिन्दू-क्रूरताओं से
डर गया इतना कि डर कहने से डरता हूँ॥

धन्य थे

सूर्य को अर्घ्य दे कर
उसे देवता की उपाधि से
विभूषित करने वाले—
तुम धन्य थे—
सूर्य ने कहा
गर्व के साथ-साथ
सुबह से शाम तक
मैं तुम्हारे—
घर-आँगन में रहता हूँ।
कभी शान्त होता हूँ
कभी गरमाता हूँ
तुम्हारे इतिहास पर
होता हूँ शर्मसार
बेशक तुम्हारे
आदर-अनादर से—
पूरी तरह निर्लिप्त हूँ मैं।
पर इतना तो—
कहना ही चाहता हूँ
कि तुमने भी—
विवेक का प्रयोग किया होता।
थोड़ा रचनात्मक—
बुद्धि का विकास कर लिया होता।

तो तुम मेरी
ऊर्जा से देश को धनी कर देते।
अविद्या-अज्ञानता
और
गरीबी को लेकर—
कभी तुम न रोते।

प्रतिध्वनि

वे जब तक तुम्हें छुएँगे नहीं
तब तक तुम
हवा को स्पर्शणीय नहीं बना सकोगे?
गोया सूरज तुम्हें
प्रकाश देना बन्द कर देगा
फूल तुम्हें देखते ही
खिलना छोड़ देंगे?
हवा तुम्हारे पास तक
आते-आते लौट जाएगी बैरंग
जबकि वे जो मंच पर
नायकी का नाटक कर रहे हैं
तुम्हारी महिलाओं को नेपथ्य में
उठा ले जाएँगे परदा गिरते ही
छूने और
चूमने-चाटने के लिए ही नहीं
भोग-उपभोग के लिए भी।
न छूने से वे
महान बन गये तो
तुम भी कब उन्हें
गहन आलिंगन में
भरते जा रहे हो।
विष-से-विष
मारने की सोच से

तुम भी प्रतिक्रिया की–
फ़सल उगा रहे हो।
क्या तुम
ख़ून के छींटे
ख़ून से धोना चाह रहे हो?
यदि "हाँ" तो
मेरा समर्थन
तुम्हारे लिए नहीं है।
तुम सोचते हो
मैं कुछ नहीं करूँगा
निहत्था निरुपाय
जैसा हूँ वैसी चाल चलूँगा?
नहीं, नहीं, नहीं
मैं उनकी संवेदना जगाऊँगा
उन्हें उनके किये का
आईना दिखाऊँगा
उन्हें उनके अपराध बोध से
सजा दिलाऊँगा
रक्त रहित क्रान्ति का बीज डाल जाऊँगा
कुएँ के भीतर से लौटती
गाली की प्रतिध्वनि गाली जैसी।
पर तुम ने सोचा
पृथकता से वे बेहतर हुए।
और तुम बदतर हो गये?

लहरें

उसे क्या सूझी कि
पोथी रखी तट पर और
खेलने लगा समुद्र की लहरों से
कभी उन्हें उठाता
कभी चुल्लू में भर कर–
कमतर बताता।
कभी उनसे सवाल करता।
शब्दों में अहंकार भरता
और सीना फुलाकर खड़ा हो जाता।
लहर देर तक–
बर्दाश्त करती
बेपरवाह आगे बढ़ती
पर वह अहंकारी, लहरों का जवाब–
सुनने को था बेताब।
सो लहर बोली
रे! मूर्ख पाठी
मुझे यदि पढ़ा होता
और पढ़ा था तो, गुना होता
तो तू यश भी कमा लेता
मेरा उपयोग कर पाता–
तो तू बिजली बना लेता।
पर तेरा ज्ञान जो नामर्द खड़ा है

सभ्यता को
जन्म देने आयी
पर जड़ता के
घर ब्याही स्त्री जैसी।
करता हो जैसे निराश
कमबख्त कम-अक्ल।

बच्चे की इच्छा

मैं आयूष
पीकर जूस
पढ़ लिख कर
अमेरिका, ब्रिटेन जाऊँगा
मैं क्यूँ जाने बैठा हूँ रूस
मैं आयूष
इंग्लिश मैथ,
और विज्ञान
स्पेलिंग पर दूंगा ध्यान।
माइंडिड बन पाऊँगा मैं
मानूँगा मम्मी की बात
लड़ूँ नहीं दीदी के साथ
मुझे बुलाएँगे जब बुश–
पापा हो जाएँगे खुश।
हाथ मिलाएँगे बिलगेट
न्यू ईयर
ओबामा के संग,
किया
करूँगा सेलीब्रेट
मामा को
लिख दूँगा लैटर
पढ़-लिख कर
बन जाओ वैटर।

अम्मा का-मुख-गीत

हम तो बाबुल तेरे
मुहड़े की चिरइया।
साँझ भए उड़ि जाएँ
बाबुल मेरे।
हम तो बाबुल तेरे,
आँगन को कूड़ो।
झार सिकरि फिंक जाएँ
बाबुल मेरे।
....
यह नारी की पूजा कैसी—
यह नारी किसी की श्रद्धा है?
नर ने नारी को समझा क्या—
नारी का अनुभव क्या है?

तुम भी नीच हम भी नीच

(1)

तुम भी नीच
नीच हम भी हैं
ऊँच कहाँ से आये।
गोरे, तुर्क
कुषाण, हूण
क्या हमने
नहीं मार भगाये?
आओ नीच-नीच
मिल बैठें–
गुन-अवगुन दोहराएँ॥
हम हैं नीच तुम्हारे कारन
ज्ञान-ध्यान से रखे बचा कर
छीन लिए धरती-धन
हम भये नीच फकीरी कारन
तुम भए नीच अमीरी में
हमने संयम भूख में खोया
तुम अति भक्षण-गीरी में
हम अस्वस्थ तुम भी अस्वस्थ हो
हैं असामान्य ज़माने में
हम भए नीच
कमा खाने में
तुम भए नीच,

निठल्लई में
हम भए नीच
ज़ुल्म सहने में
मानवता दर्शाने में
आप नीच हो गये
दलित से
घृणा भाव जगाने में
हम भए नीच सेवा श्रद्धा में
तुम अस्पृश्य बनाने में
तुम भए नीच क्रूरता गह कर
हम भावुक हो जाने में
तुम भए नीच अनैतिक होकर
हम नैतिकता लाने में॥

(2)

तुम भए नीच
ज्ञान-रोधक बन
ज़िम्मा तो लिया
विश्व गुरु बनने का और
निरक्षरता के
अँधेरे से भर दिया देश भी
बहुसंख्यक भारत
तुमने बनने नहीं दिया समर्थ
और यूँ तुम्हारा
सभ्य होना समझा गया व्यर्थ।
तुमने अपने कायदे
हमारी पीठों पर लादे
हमने चूँ भी नहीं की
और लदते चले गये।
तुमने हमें कहा अज्ञानी

और हमने मान लिया
यूँ हम भी नीच हैं
जग ने जान लिया॥

तुमने कहा कि–
तुम्हें हक नहीं है
गाँव में बसने का
और हम गये गाँव से बाहर
शहरों के स्लम्स तक
उजड़ी-उजड़ी बस्ती
खड़े-उखड़े घर
तुम भी नीच
हम भी नीच
तुमने कहा
तुम हो अस्पृश्य
और हमने मान लिया
जितने तुम हमसे दूर हटे
तुमसे ज़्यादा
अब तो हमने
ख़ुद को दूर किया॥
भागते रहे दूर दूर
कहीं छू न जाएँ।
कहीं परछाईं ही
न पड़ जाए
तुम्हारे ऊपर।
जहाँ हम बैठे
वहाँ तुमने 'गौमूत्र'
का छिड़काव किया।
जिस मूर्ति को
हमने अनावृत्त किया
तुमने उसे दूध से धोया।
न तुमने पास फटकने दिया

न हमने तुमसे मिलने की इच्छा की।
मिले तो दूरी
बना कर ही
होली की औपचारिक–
कौली बनी रही।
देह से या दिल से भी मिले–
दास जैसे स्वामी से मिलते हैं
हम भी नीच तुम भी नीच॥

सम्पादक जब बोलता है
मीडिया डेमोक्रेटिक है
डेमोक्रेटिक हैं, हमारे पत्रकार भी।
तो मैं सम्पादकों,
सह-सम्पादकों
संवाददाताओं की
लम्बी-चौड़ी फेहरिस्त में
जाति सूचकों में
तलाशने लगता हूँ
कितने क्षत्रिय हैं
कितने वैश्य और कितने शूद्र हैं
मुस्लिम कितने हैं?
महिलाएँ हैं सुन्दर
और सुसभ्य-सी
पर किस संस्तरण की हैं?
किन कौमों का–
करती हैं प्रतिनिधित्व।
मिलते हैं
शीर्ष और
ज़िम्मेदार पदों पर
सबसे अधिक ब्राह्मण
जो देश की आबादी में
सबसे कम हैं?

ब्राह्मण मेरी–
दृष्टि पर एतराज़ करते हैं।
वे कहते हैं
हमारी जात मत पूछो–
हम तो सब साधु हैं
साधु की जाति नहीं पूछी जाती।
जाति खाली आवरण है
सब कुछ तो कर्म है
कर्म जैसे तलवार है
जाति म्यान है बेकार है।
हमारा ज्ञान पूछो।
ज्ञान का अहंकार
ज्ञान की ठेकेदारी
चार हज़ार साल
ज्ञान-व्यवस्था में भारी।
मैं सोचने लगता हूँ कि–
क्या आधुनिक मीडिया की अपेक्षा
कम था शूद्रों-अछूतों का बहिष्कार?
उसके बाद क्षत्रिय
वे भी बहुसंख्यक नहीं हैं
वैश्य भी देश की बड़ी संख्या नहीं हैं।
फिर आते हैं कायस्थ
जिन्हें समाज में
उँगलियों पर गिना जाता है
पर सम्पादक
और स्वामी वे भी हैं
ब्राह्मणों, वैश्यों के बाद।
उनके लिए भी
अच्छा नहीं कहा है
वर्ण विद्वानों ने
बेचैन होकर
उद्‌धृत किया है

हरिवंश राय बच्चन ने
यह छुरे-सी धार जैसा श्लोक
और यदि कहीं नहीं हैं
किसी भी हैसियत में
तो वे हैं दलित
एस.सी. एस.टी.।
इनके साथ जारी है
अस्पृश्यता अशरीरी
अदृश्य बहिष्कार
सिनेजगत की हस्तियाँ
आती हैं पर्दे पर
दावा किया जाता है
सांस्कृतिक लोकतन्त्र का
फिर बोलती मिसाल हैं ये।
मैं फिर देखने लगता हूँ
अभिनेत्रियों
अभिनेताओं के
वर्ण, कुल, घराने
उनमें खलनायिकी
करते हुए भी नहीं मिलते
खलनायिका के बच्चे।

विश्व की मानवता का न्याय

रंग-भेद ने
अधिक जुल्म ढाए हैं या
अस्पृश्यता ने?
दुनिया में रंगभेद
समाप्त हुआ या अस्पृश्यता?
रंगभेद के अमल ने
अश्वेतों के अधिकार दिये या
अस्पृश्यता के
क़ानूनी मन्त्र ने अछूतों के?
रंगभेद का–
अन्त हो गया या अस्पृश्यता का?
मानवता के
प्रति किसने किया है अन्याय
किसने की है अपूर्णनीय क्षति
और कौन कर रहा है
नुक़सान की भरपाई।
ये दुर्लभ हो रहे
तालीम के मन्दिर–
क्या समान शिक्षा का प्रचार करेंगे?
जिसने दे दिया
देश के विकास में अपनी
देह का बूँद-बूँद ख़ून

क्या उस ग़रीब
के बच्चे पढ़ सकेंगे?
क्या इसी व्यवस्था को आप
सबका स्वराज
सबकी स्वतन्त्रता कह सकेंगे?

आत्मपरक

मेरी पत्नी ने–
हमारे दो
बच्चों को जन्म दिया।
सारा दर्द, अकेले सहा
इन्साफ तो
तब होता कुदरत का
एक बच्चा
मेरे पेट में भी रहा होता
असल में मैं भी माँ ही हूँ
मेरे विचार पुत्र असंख्य हैं
मुझे रक्त पुत्रों से कम
विश्वस्त, कम कारगर और
कम होनहार नहीं लगते।

जीवन

तुम सोचते होगे
इतने
कारुणिक
दृश्यावलोकन कर
मैं, रोता क्यों नहीं हूँ?
अपने पूर्वजों की
सामाजिक यातनाओं
से भरी दासता के प्रति
एकाकार होता क्यों नहीं हूँ।
जिनकी कराहें
स्मृतियों में सुनाई पड़ती हैं
जिनकी समस्याएँ
शिकायतें बनी रहीं उनकी
रपटें किसी थाने में कभी दर्ज़ नहीं हुईं।
मैं संवेदना शून्य
लगने लगा हूँ उन्हें
पर बात असल यह है कि
आँखों में जब से अंगारे भरे हैं
तब से आँसुओं को जगह नहीं है।
मैं हँसता हूँ यह सोच कर—
कि वर्ण-भेदियों ने
कितनी मुश्किल मौतें चुनी हैं
अपने आदर-सम्मान के लिए।

मैं तो आश्वस्त ही हूँ कि
एक दिन अवश्य ही
दर्द की कोख से
खिल उठेंगे हमारी
निजात के ख़ुशबूदार फूल।
इसी एक धारणा–
एक नियम और
एक अनुभव ने हमें
असीम सहिष्णुता प्रदान की है।
हैरतअंगेज़ यह कि
वे बाहर से आने वाले
चाहे आर्य थे, हूण थे, कुषाण थे
मुग़ल थे या गोरे थे
जो भी थे भारतीय नहीं थे वे।
वे हमारे अतिथि थे–
देवता थे, पूजा के पात्र थे
आदर की प्रतिमा थे
हमने उन्हें
सिर-आँखों पर लिया
उन्होंने हमें
पहले बाँटा
परस्पर अलगाया
और फिर
देश वालों को ही
देशनिकाला दे दिया।
हम कहाँ रहें, कहाँ न रहें।
हम क्या खाएँ
क्या न खाएँ
हम क्या करें, क्या न करें।
हम क्या खोएँ, क्या पाएँ।
इन सबका हिसाब–

किताब रखने वाले
हमारे स्वयंभू स्वामी बन बैठे।
मूल निवासी को
मूक-भिखारी बना दिया।
और हम उनसे रियायतें
राहतें नियामतें माँगने लगे।
और हमारे
अधिकारों के
शतांश
ज़िन्दा रखने भर को
अपनी दया
कृपा की तरह
टुकड़े फेंकते रहे।

माँ

सुन कर होता है
समय मौन,
इतना अमानवीय और कौन?
माँ बनी नहीं–
जिलानी खातून?
किसने कर डाला भ्रूण ख़ून?

वजूद भी

दीप तुम्हारा–
रक्त हमारे से जलता है।
तुम्हें उजाला
हमें अँधेरा क्यों मिलता है?
तिरस्कार के वार
युगों से सहने वाला
बना बहिष्कृत शान्त, अहिंसक–
और प्रेम से रहने वाला
तीरगी-पसन्दों को–
वजूद भी क्यों खलता है?
दीप तुम्हारा–
रक्त हमारे से जलता है।

ग़ज़ल

नयी मंज़िलों की तलाश में,
कई हमसफ़र थे बिछुड़ गये।
कुछ तीरगी में समा गये—
कुछ रोशनी में उतर गये।
नयी मंज़िलों की तलाश में
कई हमसफ़र थे बिछुड़ गये।
जो बचीं, हक़ीक़तें बचीं,
जो ख़्वाब थे, सो बिखर गये।
कहीं पाँव के न निशाँ बचे
मैं इधर गया वे उधर गये।
वे बिछुड़ गये या पिछड़ गये—
घर ख़्वाब में भी उजड़ गये।
किसी आदमी के ख़याल में
वे सवाल बन के उभर गये।
नयी मंज़िलों की तलाश में,
कई हमसफ़र थे बिछुड़ गये।
जो छाँव देख ठहर गये,
जो धूप देख के डर गये।
जो डरे सो डर के ही मर गये
कहीं पाँव के न निशाँ बचे
मैं इधर गया, वे उधर गये?
नयी मंज़िलों की तलाश में
कई हमसफ़र थे बिछुड़ गये।

यह सुबह

अपने लिए तो यह सुबह—
उस रात से काली मिली।
इस बाग पर रीझें वही
जिन-जिन को हरियाली मिली।
अपने लिए तो यह सुबह
उस रात से काली मिली।
खुशहालियाँ बरसीं कहीं,
दीवालियाँ मन लीं कहीं।
लेकिन हमारे वास्ते—
हर ओर कंगाली मिली।
अपने लिए तो यह सुबह
उस रात से काली मिली।
अन्याय-न्याय की बात पर
जलसा हुआ फिर रात भर
हमने हकों की माँग की
भर-भर के मुँह गाली मिली।
अपने लिए तो यह सुबह
उस रात से काली मिली।
उस परम झूठे मंच को
दस गाँव के सरपंच को
जिसने दलित को दुख दिया
क़ानून हाथों में लिया
घर-गाँव से बेघर किया
पिछले बरस सभाओं में
वाह-वाह मिली ताली मिली।

वह क्यों ओबीसी को प्यारा?

भूमि, भवन, भए उन के सारे
जिन दलितनु पर सितम गुजारे।
ज्ञान, मान, तन लूटइ छीना,
गौरव गुन वंचित कर दीना॥

राम को राज, लखन कूँ सेवा
सीता पुनि वनवास
बोध कहाँ शम्बूक कूँ होगा शूद्र-हताश॥
क्यों पुरखा शंबूक, राम जी ने था मारा
क्यों शूद्रों को राम आज भी प्राण-प्यारा।
जिन निज भार्या बनहि पठाई,
महिलाएँ पूजे मन लाई?
छल कर जिन बालि बध कीन्हा,
उनको पुरुषोत्तम पद दीन्हा॥
जूठे बेर भखौस्यौ जाई,
ताकी कीमत कहाँ चुकाई॥
स्त्री-शूद्र, स्नेह नहीं कीन्हा,
उन्हें विशेषण प्रभु का दीना॥
जिन दलितन के रहन उजाड़े,
वे प्रभु के आवास बना रे!

अदना-सा लेखक

पाठक की अदालत में खड़ा होकर
हर इल्जाम कबूल कर लेना।
मैं समझता हूँ काफ़ी नहीं होगा
खेद व्यक्त करना
अपने गुनाहों के लिए।
हुक्म अदूली
मर्यादाएँ भंग
परम्पराएँ त्याज्य
और वह सब करने
जिसके लिए
कायदे से
कुछ भी नहीं हो सका।
मैं क्षमा-याचना करता हूँ
छोटे-बड़े, नये-पुराने
सब तरह के भगवानों से।
भगवान राम,
भगवान शम्बूक
और भगवान अम्बेडकर से
लेकर बुद्ध भगवान तक।
मैंने उन्हें कहीं न कहीं छोड़ा है।
राष्ट्रपिता गाँधी जी
मुझे क्षमा करें, मैंने उनका
परामर्श नहीं माना है कि—

'पिता का ही पेशा करेगी सन्तान'
नहीं, मैं नहीं करता रहा–
बाप-दादा के पुश्तैनी काम
घोर बहिष्कृत मेरी जाति।
भारत के अछूत का नाती।
महान देश का अदना-सा वाशिन्दा
संस्कृति के
नख-दन्तों से दबा हुआ
सुधारों के हकदारों से असन्तुष्ट,
मैं ठहरा बेचैन
गाँव लौट कर नहीं जा रहा हूँ।
मवेशी की खाल नहीं उतार रहा हूँ
आज कल क्षमा करें–

राष्ट्र के संविधान
पिता आप ही के
कारण कलम है
कर में
पर मैं
बुद्धम् शरणम् गच्छामि,
नहीं कह पा रहा हूँ
धर्म ब्राह्मणों
का हो या क्षत्रियों का
उनकी अस्पृश्य
व्यवस्था–
सोच कर
घबरा रहा हूँ।
अब जब प्रार्थना
करने खड़ा हुआ हूँ
तो इसे सीमित क्यों करूँ?
एक बार में,
एक साथ में,

सारे गुनाहों की सजाएँ
काट ली जाएँ
जबकि मैं जज का
मन जानता हूँ
जो कहना चाहता है
कि
'तुम शिकार,
तुम सन्तप्त
तुम शोषित, तुम वंचित
और सबसे बुरा कि तुम
स्वराज में
दास भर हो?

अछूत हो

तो तुम काहे के क्षमा प्रार्थी?
कैसे गुनहगार
तुम तो मान-पात्र हो
तुमने पापी का पाप
अपने पर आरोपित किया क्यों है?
तुमने तो युग-युग इन्हें क्षमा किया है।
तुमने तो धरती-सा धैर्य–
सहनशीलता का परिचय दिया है।
अत्याचारियों,
उत्पीड़कों को अपराध बोध
करनी-भरनी
का डर है
कि नहीं
तुम्हें तो हिसाब
कर लेना होगा
जो कुछ हुआ है
तुम्हारे साथ
समाज का
उद्धार तब तक कहाँ
जब तक नहीं–
लगेगा मिट्टी
को सोना
कर देने वाला

तुम्हारा करिश्माई हाथ।
तुम सचमुच
मुग़ालते में हो
कि तुम्हारे कारण
घुस आये थे—
हूण-कुषाण
आर्य
मुग़ल-तुर्क तुम्हारे देश की परिधि में।
तुम व्यर्थ ही आत्म-त्रस्त हो
कि आते ही मुक़ाबला क्यों नहीं
किया तुमने
अँग्रेज़ी गोली-बोली और होली का।
दो सौ साल क्यों टिकाया?
आते ही क्यों नहीं मार भगाया?
पर तुम क्या करते
तुम तो पेश थे—
दोहरी-तेहरी गुलामी के लिए।
तुम्हारी तो
पीठ पर झाड़ू बँधा था।
पेशवाई राज
तुम्हारी छाती पर
चढ़ा था।
तुम्हारे तो गले में
मटका पड़ा था।
तुम नंगे पाँव ही
पथरीली
कँटीली राह पर
चलते थे

तुम्हारे
निर्वस्त्र बदन
सर्दियों में

ठिठुरते थे
गर्मियों में जलते थे।
तुम्हारी
परछाईं न पड़ जाए किसी पर
इसलिए
ठीक
दोपहरी में
बाहर निकलते थे।
तुम कहीं-किसी चर्चे में
नहीं थे।
किसी कवि की
कविता में तुम नहीं थे
तुम्हारी हर व्यथा
हर यातना
अनकही–
कहानी थी॥

जिसे आराम ने मारा

यूँ तो वह ख़ुश होता था कि
मैं नहीं करता
कोई दैहिक काम
मुझे क्या, खटता है जो
बोझा से लदे लकड़ी
के ठेले में बैल
की भाँति जुता आदमी।
कैसा हप-हपा रहा है
नंगे पाँव,
नंगी पीठ और खाली पेट।
खींचे जा रहा है लगातार
सर्दी-गर्मी, बरसा-सूखा
करता रहा है
काम-ही-काम
बेआराम॥
ज़िन्दा है,
सांसों को सौ-सौ सलाम
और यह तो मर ही जायेगा
वातानुकूलित भवन में भी
जिसने कभी हाथ से रोटी क्या,
चाय भी नहीं बनायी
वह अपने भवन के
तीसरे तल से देखती है—

कुछ स्त्रियाँ जो
करती हैं अपने
मज़दूर पतियों के साथ श्रम।
मर जाएँगी न जिएँगी तो बस हम।
वे मज़दूर औरतें
31 दिसम्बर की
बर्फ़ीली भोर में नहा रही हैं
नल के नीचे बैठी
धोतियों से
अंग छिपातीं-शर्मातीं
इन्हें कहाँ हैं स्नानघर–
जो हैं बेघर
आज यहाँ कल वहाँ
बसाती-उठाती फिरती हैं
झुग्गियाँ॥
अगर बात
हो इनके लिए घर की
तो इनके पास
नहीं हैं
क्रीम पाउडर पर
खर्चने वाली
औरतों की तरह
ढेर सारे पैसे
मर जाएँगी
ये तो ऐसे
पर रोग लगा तो
उस आरामतलब आदमी को
बीमारी ने जकड़ा तो
उस पैसे वाली औरत को
डाक्टर ने कहा तुम भी जी जाते
यदि थोड़ी सेवा-श्रम में मन लगाते।
पसीना बहाते,

खाना कम खाते
अपनी कामवाली के
बच्चों का पेट भर पाते
तो तुम दवाइयाँ क्यों खाते?
तुम मरोगे
ज़्यादा खाने से
और अपच
हो जाने से
और तुम्हारी
कामवाली—
मर रही है
पेट न भर पाने से।
तुम दोनों
अति पर मर रहे हो।
क्योंकि तुम
सम्यक जीवन
के दर्शन पर
आचरण नहीं कर रहे हो।
क्या गाँधीजी ने
नहीं कहा है
यह भंगियों की
बस्ती—
भारत की आत्मा है।
दारू है झाड़ू है
जूठन पर मल्ल मस्ती है।
स्वच्छता का ठेका,
ब्राह्मण को
सुलभ है
उसने काम की
गाइड लाइन तैयार
कर दी है।
देशी दारू—

गले तक चढ़ाना है
फिर बदबू
पर नहीं जाना है
बिना जाकिट
बिना दस्ताने
सीवर में उतर जाना है।
ब्राह्मणों की
कालोनी में
ज्ञान है,
किताबें हैं, स्कूल हैं?
पार्क हैं
पुस्तकालय हैं
स्वीमिंग पूल हैं
हर बच्चे को कम्प्यूटर है
यू.एस.ए. में–
फ्यूचर है।
व्यवस्था अनुकूल है
यह चमारों की गली
कोने पर बाबा साहब की मूरत है
तंगी है, तबाही है
फिर भी बच्चों की
चल रही पढ़ाई है।
लेखक हैं
अधिकारी हैं
शासक प्रशासक हैं
अन्याय से लड़ने की
सब की
मिली-जुली तैयारी है।
अब लड़ता है
बाहर भी भीतर भी
बनिये और ब्राह्मण की,
चमचागीरी करता है॥

दरियागंज में

नौ महीने बाद
बाहर निकला हूँ
पहली बार
छुट्टी ली है?
नौ महीने में
बाहर आये हो
क्या नाम है तुम्हारा
"सुन्दर"?
कहाँ काम करते हो?
चार नम्बर में।
तुम जानते हो सुन्दर
तुम्हारा बाहर आना
कितना महत्त्वपूर्ण,
कितना ज़रूरी है?
तुम्हारी
अनुपस्थिति में
असुन्दरों के बीच
फँसे रहना
कैसी व्यर्थता है
कैसी मजबूरी है?
जानते हो?
तुम्हारा आना
कितने सच का आना है?

बिल्कुल
उतना ही जितना
एक नन्हा इन्सान।
आता है माँ के गर्भ से बाहर॥
बोलते
बेचैन करते आँकड़े
जितने सीनों में
अँग्रेज़ों ने दागी गोलियाँ
दस गुना उनसे अधिक
मारे सछूतों ने अछूत।
जितने मुग़लों, हूणों, कुषाणों और
अँग्रेज़ों ने किये भारत की
नारी पर जुल्म
उतने
गैरदलित एक दिन में करते हैं।
वर्तमान के जुल्म-सितम से
हार चुका है भूत/अतीत
जब दलित
को प्यार करती हैं
द्विजों की बेटियाँ
मार दी जाती हैं।
और जो दलित लड़कियाँ
गैरदलितों में ही ब्याह कर जाती हैं
वो केवल कमा कर–
खिलाती हैं।
दहेज नहीं ले जाती हैं
दलित कौम का भविष्य ही उठा ले जाती हैं।
दलित-क्रीम जाती है
गैरदलित कूड़ा आता है।
गुड़ से गोबर का
आदान-प्रदान हो जाता है
आरक्षण तो जाता है–

खुद-ब-खुद उनके साथ
और इस तरह
यह दलित गैरदलित विवाह
रिश्ता कम होता है, ज़्यादा होता है विश्वासघात।
उनकी नौकरियाँ दलित
कल्याण के खाते में
गिनी जाती हैं
उनके साथ प्यारी बेटियाँ
सदियों के सताए, दबाए,
समाज के
मुक्ति अभियान
में कोई
योगदान नहीं कर पाती हैं।
और ये भंगिन से
खटिकिन से
चमारिन से लिपटते हैं।
बहुधा प्रेमचन्द के
मामा की
मानिन्द पिटते हैं।
यूँ ही ना करे है वो
ये करते हैं जबरदस्ती यहीं
काटते हैं हाथ—
आँख फोड़ देते हैं।
मुल्क में किस कौम
को आज़ाद होने को मिला
घर जला देते हैं
जीवित बच्चे
और उनके माता-पिता में
निर्जीव कूड़ा करकट की तरह—
आग लगा देते हैं।
नेता हमें अमन शान्ति

और पूरी–
सहिष्णुता बताते हैं।
उठा लेते हैं घर से मालोजर
जल जाते हैं फूल
मिट जाती है ख़ुशबू
रह जाते हैं पत्थर ही पत्थर।।

तस्वीर

हम क्या करें
इन्सानी रक्त की
बूँद-बूँद से प्यार करने वाले
हम शान्ति-प्रिय
मेहनत-कश
एका-पसन्द लोग
हम क्या करें
जब
हमारे सिर पर
बेवजह
किसी निर्दय सामन्त का
डंडा आ पड़े और
तुम्हारे धर्म ग्रन्थ
उसे वर्ण धर्म के
अनुकूल दण्ड विधान सिद्ध करते हों।
हम क्या करें
जब तुम हमें
हमारा बयान किसी
थाने, किसी कोर्ट में
पेश नहीं करने दे रहे हो।
हम क्या करें जब
हमारे हाथों से लेखनी
और आँखों से आज़ादी की

उम्मीदें छिन रही हों
हम तब यही कर सकते हैं
कि अपने जिस्म से बहते
तुम्हारे हमलों
के लहू से तुम्हारी एक
तस्वीर बनाएँ—
चौराहे पर खड़े हो जाएँ
और ज़ोर से आह्वान करें
पिछले चार हज़ार
सालों से पिटते रहे पुरखों का
कि देखो यही है
तुम्हारा
हमारा और
इस देश का दुश्मन
बच्चो इसे पहचाने रखना॥
कल तुम्हें इसी का
सामना करना होगा।
हम क्या करें जब
वे हमारी मुक्ति की
सम्भावनाएँ समाप्त कर
खुशियाँ उजाड़ कर
सपनों को मार कर
रोते और रोते रहने की—
आज़ादी देते हो हमें
और हम हैं कि हँसते हैं
ठहाका मारकर
उनकी नृशंस नीतियों पर और
वह हतप्रभ होता हो।
कि हम खुश क्यों हैं?
वह इस रहस्य
से परेशान रहता हो।
जबकि हम स्पष्ट हैं कि युद्ध में

हारे हैं या मारे हैं
दुश्मन से
लड़ना तो धर्म है।
पर दुश्मन
बाहर ही नहीं
भीतर भी रहता है।
हमारा
अतिथि बनकर
हमारे घर में भी बैठा है
हमारी अविद्या हमारा अज्ञान
हमारी फूट हमारा अभिमान
हमारे मित्र तो नहीं हैं ना?

उम्मीद

व्यवस्था
जिन्हें अतिरिक्त
मुखरता देती है
और वे जिनके होंठों पर
ताले जड़ देती है
उन दोनों में
कौन, कितना सच्चा और
कौन कितना झूठा होता है?
क्या तुम्हारे पास
इतनी परख करने
वाला कोई यन्त्र है?
जो पुलिस ने पकड़े थे
क्या वे सब अपराधी थे?
जिनके पास
वकीलों के लिए
फीस नहीं थी
क्या उनकी
पैरवी की थी किसी ने?
क्या उनका
पक्ष सुना था
माननीय
न्यायाधीश ने
जो सम्मान समारोह में

हैं हैं, कर हँसते हुए
मालाएँ पहन रहे हैं
क्या वे सब समाज सेवी हैं?
जिन्होंने
पच्चीस करोड़
अछूतों को
अस्पृश्यता से
आज़ाद नहीं होने दिया
क्या वे भी आज़ादी के दीवाने थे?
वे किसकी स्वतन्त्रता के सेनानी थे?
बदला वक़्त हमेशा
द्विज का ही नहीं होगा
हमारी फ़सल पर
सामन्त का
दावा हमेशा नहीं रहेगा
एक करवट हमारी ओर
भी लेगा बदलाव।
वक़्त का मिज़ाज़,
मौसम का रंग
एक जैसा नहीं
रहता हमेशा।
खास कर मेरे देश में
ऋतुएँ
जल्दी-जल्दी बदलती हैं।
रात को अँधेरा होता है और
सुबह को सूरज निकल आता है।
पर भारत का अछूत
समय को ठहर
गया-सा पाता है।
कारावास का भी
वक़्त मुकर्रर होता है।
जैसे

एक बच्चे के
पैदा होने से लेकर
युवा होने तक का वक़्त।
पच्चीस साल
जेल में रह कर
एक दिन आज़ाद हो जाता है
अश्वेत मानवता का
मुक्ति दाता
नेल्सन मंडेला।
साल दस साल सौ साल
पीढी दो पीढ़ी
यहाँ तो चार हज़ार सालों से
पंछी वर्णभेदी कारा में क़ैद हैं।
कभी पेशी नहीं पड़ती
कभी महामहिम अपने
विवेक से हमारी क़ैद
कम नहीं करते
पुरखे गुज़र गये
अस्पृश्यता में जीते
अस्पृश्यता में मरते
कभी वे इन्सान नहीं समझे गये।
हमारे मानवाधिकारों का
कभी कोई पक्षधर नहीं होता।
क्षतिपूर्ति भी–
करनी है अछूत की कभी
इसकी तो–
वह कल्पना भी नहीं करता।
ओबामा के
भाषण में मिशेल के
ग़ुलाम वंश का
ज़िक्र होता है
दुनिया का

सर्वशक्तिमान
इन्सान
ख़ुद को बावर्ची
का ग्रांड सन कहता है।
क्या दलित मुक्ति के प्रश्न
पर विश्व शान्ति की
ज़रूरत नहीं बनता—
दलित संघर्ष?

द्वन्द्व

(1)

इतिहास को
कोई नहीं गिनता
हम ताकते रहते हैं
किसी अप्रत्याशित मुक्ति की राह
जबकि संयुक्त कोशिश करें
तो ज़ंज़ीरें तो ज़ंज़ीरें हम
तोड़ ले जा सकते हैं पूरी कारा को
अपने पंखों में दबा कर
फिर चाहें तो उसे समुद्र में डालें
पहाड़ से पटकें या
आज़ाद कर दें अपने
स्वभाव के मुताबिक॥

(2)

दलित भेदी ताकतें,
बलवती होती रही हैं
वे अपने इरादों में
पूरी तरह नापाक हैं मंशा बुरी है।
मार्क्स, मंडेला
अछूतानन्द
मंगूराम, डॉ. अम्बेडकर

नायक हैं
पर हमारे क़ातिल
खलनायक तो
इन्हें भी अपने
साथ में ले रहे हैं
हमारे कत्ले आम कराने के लिए॥
इतिहास
हमारे ही बहादुर पूर्वजों का था
जिसके बारे में
बकौल आजीवक धर्मवीर
मक्खली गोशाल ने कहा था–
"युद्ध हुआ था",
बुद्ध और महावीर
से पहले
हम स्वयं लड़े थे।
अपने शत्रुओं से
अपने हिस्से की लड़ाइयाँ।

(3)

विजय-पराजय
युद्ध-कौशल
और कूटनीतियाँ
सबने किया था
अपना-अपना काम॥

(4)

मेरे शब्दों से
कोमलता की
अपेक्षा मत करो
फूलों से मेरा वास्ता
कम-तर रहा है।

जन्म दिन हो या विवाह का उत्सव
तुम्हारे पुष्पहार मैंने नहीं चाहे हैं।
पर यह अलग बात है
मेरे दिल में
अरमानों से भरे फूलों की
कुछ सुगन्ध बसती है।
मैं अध्यापन या
अपने उस चायनीज
हिन्दी छात्र ली ग्वान
(और अब यूएसए में प्रोफ़ेसर)
जिसने हिन्दुस्तान से जाते वक़्त
मुझे अपना
सैकेंड हैंड कायनैटिक हौंडा
थमा दिया था आठ हज़ार में और
मेरे मित्र बी.जी. तिलक जिन्होंने मुझे
सलाह दी ली ग्वान को दस हज़ार देने की।
जब मैं दिल्ली विश्वविद्यालय के
डॉ. भीमराव अम्बेडकर कालेज में था
मुझे पहुँचा देता था
हौंडा वक़्त पर
यह बात दीगर है कि
मेरे सवर्ण-शिक्षक
शिक्षिकाएँ सहकर्मी
आते थे भड़कीली कारों से
मैंने तपते सूरज के बीच
खेतों पर काम किया है।
मैं लेबर, मिस्त्री और कवि रहा हूँ।
मैं नगरों-महानगरों में
सूरज का ताप,
बारिश की नमी झेल चुका हूँ।
बर्फ़ीली सर्दी का ठंडा पानी
गर्म हवाएँ

सब मेरी देह और
मेरे दिमाग पर से होकर गुजरे हैं।

(5)

बाबा साहब के
मिशनरी अनुयायियों
दलित-एकता का
महान लक्ष्य लेकर चलने वाले
लेखकों/चिन्तकों समाज के लिए
तुम कुछ मत करो
अपने उपजातीय
भेदों के साथ
अपने वैचारिक अलगाव को लेकर
अपने संस्कारों और सोच को
दूसरे से ऊपर रखते हुए
अपनी महत्वाकांक्षाओं को मारे बगैर
समाज संगठन का काम किये बगैर
तुम साल-महीने में
एक बार एक-दूसरे के साथ बैठे दिखो।
एक-दूसरे की कोई मदद मत करो तो भी
तुम्हारे वर्ण-शत्रु
तुम्हारे हितहन्ता
अधिकार हरणकर्ता
तुम्हें
अस्पृश्यकर्ता-बहिष्कृता
स्वराज को
सवर्ण राज में
परिवर्तित कर्ता हर्ता
और कमतर मानने वाले
तुम्हें मिल बैठे
देखने से ही अधमरे हो जाएँगे—

वह तुम्हें एक-दूसरे का मददगार कहेगा।
वह तुमसे शक्ति, चौकन्ना
और सोच-समझ कर मिलेगा।
मेरी बात
गाँठ बाँध लो
यही एक मन्त्र
तुम्हारा मेल-जोल
तुम्हारी विरासत की पीढ़ियों की
जीत का सबब बन जायेगा।

डर है

मैं
कुछ नहीं कह सकता
मैं नहीं कह सकता
करोड़ों बच्चों से
जो अभी जन्मे नहीं हैं
कि तुम केवल
उनके बारे में सोचना
जिन्होंने तुम्हारे बारे में
सोचना बन्द कर दिया है।
दस साल बाद जब वे जन्म लेंगे
उन्हें अपने देश में
अपना कोई नहीं दिखेगा।
उनकी माँएँ बेरोज़गार पुरुषों की
बीमार पत्नियाँ होंगी।
उनके भाई-बहन
कुपोषण के शिकार
होकर काल के गाल में
समा चुके होंगे।
और उनके लिए
दुनिया में आते ही
दुख-दालित्य का
घटाटोप अँधेरा घेर लेगा।
सूरज उनके लिए

एक भी किरण
देने से बचेगा।
चाँदनी से वे भी
निकल नहीं पाएँगे।
उनके लिए
पब्लिक स्कूल नहीं होंगे।
सरकारी संस्थाएँ
तबाह कर दी जाएँगी तब तक॥
गफ़लत और
ग़ुलामी के चलते
मैं नहीं कह सकता
वे अजन्मे दलित-बच्चे
अपने प्यारे देश
को निजी क्षेत्रों के
हमलावरों से
कैसे बचाएँगे?
बाहरी और भीतरी
आक्रान्ताओं से
दलितों, पिछड़ों और
अल्पसंख्यकों के लिए
ख़तरे बढ़ रहे हैं बढ़ते ही जाएँगे?
मैं फिलहाल
कुछ नहीं कर सकता।
वे नृत्यशालाओं के लिए
आमन्त्रित होंगे
पर उनकी
सरकंडों जैसी सूखी टाँगे
इनकार कर देंगी
वे गाने के लिए आज़ाद होंगे
पर उनका
करुणालाप
सुनने के लिए

कान नहीं खुलेंगे
क्रूर और अमानवीय
वर्ण व्यवस्था में बचपन
किस बच्चे को मिलेगा
बचपन का हक किस-किससे
छीना जायेगा
मुझे डर है
मेरे भूखे हताश
दिशाहीन कौम के
बहिष्कृत बच्चे
बहका-भटका दिये जाएँगे
जिन्हें खिलौने नहीं मिले
वे कहीं बन्दूकों से न खेलने लगें।
अपराध आतंक और हिंसा की
बर्बर दुनिया के हिस्से न
बन जाएँ,
मुझे डर है
ऐसा क्यों हो जो
सब समान शिक्षा पाएँ
देश-प्रेम में डूबें नहाएँ
शान्ति प्रगति
भाईचारे का
विकल्प भेदभाव,
घृणा विद्वेष नहीं है
नहीं है
मूर्खों, मक्कारों का
वर्ण-स्वभाव
जात्याभिमान
किसी तरह का
कोई समाधान।।
जो
नहीं करने जा रहा है

दलित द्वेष के कारण॥
पृष्ठभूमि,
पीछा करती है।
प्रतिस्पर्धी
लिपिक की नानी
प्रिंसिपल रही होती है।
एक दलित
आई.ए.एस. की माँ
निरक्षर होती है—
और इस पर उन्हें
मलाल है कि
बेटी क्यों पढ़ लेती है?
इस कारण
वे उसे मलाईदार
पर्त कहते रहते हैं
और ख़ुद आरक्षित
जगहों को देखकर
भूमि भवन
व्यवसायों पर कब्ज़ा कर
मलाई के समुद्र में नहाये,
खाये और अघाये रहते हैं।

देश प्रेम के प्रति

मेरा वतन
मेरा जहाँ
सब से हसीं
हिन्दोस्ताँ
इस के लिए
जन्मे हैं हम
इसे छोड़ के
जाएँ कहाँ?
मेरा वतन
मेरा जहाँ
सब से हसीं
हिन्दोस्ताँ
जलते दीये
खिलते सुमन
याद आएँगे
वे रात दिन।

जलती रहे
स्वाधीनता
तेरी शमां
मेरा वतन
मेरा जहाँ
सब से हसीं

हिन्दोस्ताँ
हिन्दू यहाँ
मुस्लिम यहाँ
सिख जैन
ईसाई यहाँ
आदिधर्मी
मूलवासी
स्वायत्तता
सब की जबाँ
सबसे हसीं
हिन्दोस्ताँ
धरती की सब
सन्तान हैं
बहु भाँति के
इन्सान हैं
आपस में
होवें एक सब
सब का गगन

सब की धरा
लड़ते हैं तब
क्यों खामखाँ।

मेरा वतन
मेरा जहाँ
सबसे हसीं
हिन्दोस्ताँ।

तालीम का
प्रसार हो
कौमों में
धर्मों में यहाँ

बस प्यार
का व्यवहार हो
ईश्वर, खुदा
या गॉड़ भी
होगा तभी
तो मेहरबाँ
मज़बूत
मुट्ठी बन रहें
फिर शान से
सब ही कहें
मेरा वतन
मेरा जहाँ
सब से हसीं
हिन्दोस्ताँ॥

(14 अगस्त 2002)

मूर्ख कहा तो

मूर्ख कहा तो–
कालिदास कहा
क्योंकि वह
कवि तो बड़ा था पर
ब्राह्मण न था–
उसकी कविता में
प्रकृति थी–
स्त्री थी–
मेघ का सन्देश था
बादलों का दूत था
कालिदास
गड़रिया अब्राह्मण पूत था।
महाभारत का व्यास
अपने युग का
कवि कृतिकार खास
मछुआरी माँ की कोख से जन्मा था।
और भारत का संविधान
एक अस्पृश्य ने लिखा था।
फिर देश
आज़ाद होते ही
यकायक
ऐसा क्या–
हो गया कि मैरिट का केन्द्र–

द्विज तत्वों की
बपौती हो गया?

चलो हो गया तो
इस आभिजात्य
तथाकथित
मैरिट ने क्या किया?
आज देश की
संस्थाओं
का हाल क्या है?
शिक्षा में
हमारी रैंक कहाँ है?
उद्योग में हम
चीन जापान
से पीछे क्यों हैं?
देश की जलती
समस्याओं का
समाधान क्या है?
जाति धर्म
लिंग भेद
के सिवा
हमने
विकास के नाम पर
किया क्या है?
मुसलमानों से घृणा
दलितों का उत्पीड़न
हत्याएँ
बलात्कार
क्या अस्पृश्यता
के लिए
क्षमा-याचना की है?
क्या समानता, स्वतन्त्रता

भाईचारे के व्यवहार की
इच्छा प्रकट की है?
क्या वंचितों
अछूतों की
क्षतिपूर्ति करने का—
कोई उपक्रम किया है?
अपने पुरखों के कृत्यों के लिए
कभी कोई अफ़सोस ज़ाहिर किया है?
जिम्मा लिया है?
आर्थिक विकास का—
मॉडल अमेरिका और
सामाजिक वैविध्य का?

रंग-नस्ल का भेद और
दास प्रथा के लिए—
क्षमा याचना करना वह देश
क्या 'अस्पृश्यता' से हुई
बर्बादी का स्पृश्यों ने भी
क्षमायाचना की?

सुन्दर शिमला

दो हज़ार छह की अल सुबह
मैं शिमला के बस स्टॉप पर
उतरा था
पहली बार
की थी वोल्वो की सवारी।
और पहली बार ही पहुँचा था
शिमला भी
यह यात्रा
थी सरकारी।
बादलों का
घेरा-सा
रुई से फव्वारे से
उस दिन का
वह दृश्य मुझे
लन्दन सा—
लग पाया।
गोरों के चयन को
देता धन्यवाद
पहुँचा
वाइसराय लांज
एडवांस स्टडी में
अध्येता बन कर
मैं सोचने लगा

भारत में एक ब्रिटेन
खोज कर गये थे वे
कितनी मनोरम
जगह पर रहे थे वे
लेकिन जब
एक अख़बार उठाया
'छुआछूत' के प्रसंग में
एक समाचार
मेरा भ्रम टूट गया।
शिमला को
लन्दन समझना
व्यर्थ गया।
एक-दम
पुराना हो गया
अनुभव जो
आया था नया-नया।

विपक्ष

मैं विनम्र
प्रार्थना करता हूँ
संगसारो!
आईना मत तोड़ो–
इसमें अपना भी अक्स है।
इसे महफ़ूज रखना है
टूटने की आशंकाओं से
बनता इतिहास बचाओ
अमानवीय हिंसा–
की आकांक्षाओं से।
इसमें अनेक
"भगतसिंहों की सूरतें हैं।
ऊधमसिंहों की
दिलेरियों और कुर्बानियों की
कथाएँ हैं, कहानियाँ हैं।"
एक सपना भी है
विकास का
न्याय के प्रकाश का
और खुशहाली का॥
यह अतीत, वर्तमान
और भविष्य
दिखाता रहेगा निष्पक्ष॥
जैसे लोकतन्त्र को,
बचाता रहेगा विपक्ष।

पुलिस का किरदार

रेडियो पर
पुलिस अधीक्षक
का परामर्श था
कि—बच्चों से ऐसा कुछ मत कहो कि—
वे पुलिस को देखते ही डर जाएँ—
बल्कि वे किसी से भी डरें—
तो पुलिस के पास आएँ।
बात तो सही थी—
जो अप्रत्याशित—
अधिकारी द्वारा कही गयी थी
मैं चकित था यह सोचकर कि यह
हिन्दुस्तानी पुलिस
अफ़सर ने कैसे कही?
आम अवाम में
पुलिस की छवि तो
ऐसी कभी नहीं रही।
आख़िर यह बात
हमारे अफ़सर
की सोच में—
कैसे आ सकती है?
कुछ देर बाद
रेडियो पर ही
सोच का खुलासा हुआ कि

एक हिन्दुस्तानी परिवार
एक उन्नत देश में
जाकर रहने लगा
उसने बच्चे को
स्कूल भेजा तो
बच्चे की मासूमियत में
भय भरा पाया
टीचर ने उसके घर
शिकायत भेजी
आपने बच्चे को
पुलिस से डराया है।
यह डर
हमने उसकी
आँखों में पाया है
आप स्कूल भेजने से पहले
बच्चे के भीतर से डर निकालें
हम बच्चे का भविष्य सँभालेंगे।
आप अपनी पुलिस का किरदार सँभालें।

डर

और जिन्हें
पुलिस तो पुलिस
टीचर भी देते हों डर
बालक भीम को
संस्कृत पढ़ाने से इंकार का डर।
बालक धर्मवीर से
जाति जानते ही हाथ से
सितार छीनता हो संगीत का टीचर।
बच्चा ओमप्रकाश
वाल्मीकि समाज का
तो तगा टीचर की ओर से आता डर
उसके लिए आरक्षित
जाट गुर्जर अहीर लोध
सबके बच्चे पढ़ेंगे
परन्तु बालक—
ओमप्रकाश स्कूल में झाड़ू लगाएगा।
वरना डर—
उसे उसकी औकात बतायेगा।
और वह डर बढ़ता-बढ़ता
आतंक में बदल जायेगा।

दर्पन है

दर्पन है
दर्पन को
महफ़ूज़ करो
टूटन और बिखराव से।
वरन्
गुज़रेंगे दर्द से
वास्ता होगा घाव से
किरच-किरच आईना
सम्भव न होगा
जोड़ पाना
करतलें
होंगी लहूलुहान
घायल पोरों से
गिरते धारीदार टुकड़े
इंसानियत के
तलवों में चुभेंगे
बार-बार लगातार॥

सरमाया

माँ की
आँखों से
निकल जो
बह गयी
पीर भी
बेपीर
बन कर
रह गयी
ठोकरें खाता हुआ–
चलता रहा
धूप दुःख की तेज़ थी
साया न था
कंठ में स्नेह का
मधु गीत था
मंच पर
मैंने जिसे गाया न था।
भीतरी टूटन
व्यथा पीड़ा–घनी
थी यही दौलत मेरी
कोई और
सरमाया न था॥

पूँजी

मूक कंठ
स्तब्ध अधर
हूक कब
मुखरित हुई
सह गया
सब कुछ
बिना प्रतिवाद के
निठुर दुनिया कह गयी
और मैं पहचान
जब था पा रहा
तिमिरमय पथ पर
खड़ा स्तब्ध था
दृष्टि से
ओझिल-सा था
जीवन गगन
'राग-दीपक' में
सतत गाता रहा।
मौत भ्रम है
इस कुटिल
अहसास से
मुक्त होने को
सजग सत्वर रहा।
अन्ततोगत्वा मुझे
करने कुबेर
वेदनाओं की
अमित पूँजी मिली।

टंच है यारो

लतीफ़ेबाज
लोगों के हवाले–
मंच है यारो।
तबाह सब
गाँव है जिससे–
वही सरपंच है यारो।
भूख फाकाकशी पर–
आज फिर गम्भीर चर्चा है
पै, उससे पूर्व नेता
अफ़सरों का
लंच है यारो।
दाल, आटा
दवा और वस्त्र
जमाखोरों के कब्जे में
शिकायत
जिससे करनी है
वो पीकर टंच है यारो॥

दीया

माँ की आँखों से
निकल जो बह गयी
ज़िन्दगी आँसू बनी
कुछ कह गयी।
कौन सुन पाया
गरज किस को पड़ी।
जब भी पूछा–
हाल ममता रो पड़ी।
लू दुखों की
तेज़ थी साया न था।
कंठ में
एक गीत था बदलाव का
बेचने बाज़ार में
आया न था
मूल्य की टूटन
विजन वाली व्यथा
कंठ से अधरों तलक लाया न था।
सोचता हूँ मुखर कैसे हो गयी
स्वप्न का
स्वातन्त्र्य तो पाया न था।
ठोकरें खाता हुआ
चलता रहा
पथ-अपथ का

चयन कर पाया न था।
सब तिमिरमय
मौत से माहौल में
स्वत्व हारों के लिए
एक दीया अहसास का
जलता रहा।

यादें

अनदिखी-सी
अनसुनी-सी
थीं सभी
अवहेलनाएँ
मोद-दुख और हर्ष
की हमजोलियाँ
मान लीं मैंने
समूची यातनाएँ
तिमिरमय स्तब्ध
था जीवन गगन
किन्तु रवि से—
पूर्णतः आश्वस्त था
स्वत्व की यूँ
गुत्थियाँ उलझी रहीं
मैं समष्टि
के लिए चिन्तित रहा॥
अन्ततोगत्वा
सफ़र विरमा गया।
मैं यह समझा था कि
मंज़िल पा गया।
फिर पकड़ कर ले गयी
मुझको वहाँ भ्रम की गली।
हो गयीं अनुभूतियाँ—
मेरी सगी
लेखनी परचम बनी—
यादें फलीं।

लौट आओ

नागरी के हो गये पिया
बावरी बना गये पिया
का कहूँ वे काम से गये
या काम के ग़ुलाम हो गये
सच, तो खाऊँगी मैं संखिया
बावरी बना गये पिया॥
मो में एक ही कमी हती,
मैं कछू पढ़ी-लिखी न थी।
पै, ढाई आखरा तो जानती।
भायी नां तो, ब्याह क्यों किया?
बावरी बना गये पिया।
अपने घर में साग भात है
सो विदेश में न बात है
कासे ये संदेशवा कहूँ
लौट आओ भावरों की सों
मो सी होगी और ना शर्तिया,
बावरी बना गये पिया।
सुधि हमारी कब से ली नहीं
गाँव मुड़के देखते नहीं
हमने कितनी मुश्किलें सहीं
पातीया हूँ भेजते नहीं
देखती हूँ रोज डाकिया
बावरी बना गये पिया।

खेत में जो धान बो गये
वे पके झड़े उजड़ गये
साहू के तगदवा जो थे
राई से पहाड़ हो गये
ब्याज गये बैल कटिया
बावरी बना गये पिया।
रोवती है छान रात-दिन
चूल्हबा से दूर है अगन
जाने काकूँ गे सुराज है
हमरे दाल है ना भात है।
ज़िन्दगी कूं क्यों तबाह किया?
बावरी बना गये पिया।
जेठ जी दिवालिया भये
सासू दमा-साँस खा गये
घर में हैं न कानी कौड़ियाँ
ननदी जी ब्याह जोग है—
आपकी बहन 'चम्पिया'
बावरी बना गये पिया।
मेरो तन हू छीर है गयौ
अब कहाँ वो पुष्ट गात है
ठहर गये
दुख भरे ये दिन
नागिन-सी श्याम रात है
मार लेगी बयार बर्फिया
बावरी बना गये पिया॥

यादों में

वह जज़्बाती था
वह संवेदनशील था
वह स्वप्नदर्शी था
उसका शब्द-शब्द
हृदय-स्पर्शी था
वह कविता में
कथा कहता था
और उसकी कथा में
संसार रहता था
वह जीवन यात्रा में
बचपन के पड़ाव
को पार कर रहा था।
उसकी कविता
उसके लिए किसी
के होने से अधिक–
किसी की यादों का योगदान थी।
उसे जिनसे रत्ती भर
प्यार नहीं मिला
वह उन्हें प्यार–अपार करता था।
जो उसके
साथ-साथ चले थे,
वे बुझ रहे थे
सूरज ढले-से

वो कहता था–
जो साथ चलेगा
उससे मुझे कुछ नहीं मिलेगा।
जो साथ नहीं है,
जो साथ नहीं चला
जो साथ नहीं चलेगा,
शायद उसी का
अंजाम साहित्य निकालेगा।
उसकी नियति
यह थी कि उसने
एक समय में कभी भी
दो को प्यार नहीं किया।
न दो विचारों को
न दो ईश्वर को
न दो महिलाओं को
जब वह
इंटरमीडिएट का छात्र था
तब उसने वह हमउम्र
लड़की के प्यार का कम,
दया का पात्र ज़्यादा बन गया था
वह लड़की भी
उसी जैसी
कोमल सहृदय
वह दया को ही वर्षों वर्ष
शिरोधार्य किये रहा।
और जब परस्पर
दोतरफ़ा पत्रों का
सिलसिला चल पड़ा
यह राज लड़की की
समझदार माँ ने जान लिया
फिर भी उसे
मिलने-जुलने का सस्नेह अवसर दिया।

उस माँ ने कुछ दिन
बड़ी उन्नत सोच और–
खुले विचारों का परिचय दिया।
अन्तोगत्वा लड़की खालिस–
जेब का राज जान गयी।
वह वर्षों वर्ष
दुविधा में रही कि–
जहाँ प्रेम है, इन्सान है धन नहीं है और
धन के बिना गुजार नहीं, जीवन नहीं है।
पर जब नहीं मिला रोज़गार
तो नहीं चुना प्यार॥
कौन करती
अनन्त काल का इन्तजार।
कब तक
सहती कल के
अनिश्चय की मार
अस्तु, आख़िरकार
एक दिन
हाथ में राखी बाँध कर
किसी का हाथ थाम कर
दिल्ली चली गयी।
दूसरी बार उसने
एक पब्लिक स्कूल की
अध्यापिका–
जो उम्र में थोड़ी बड़ी थी
उसी की तरह–
एम.ए. बी.एड. तक पढ़ी थी
पर अनब्याही थी।
सो उसने उसके सामने
प्रकारान्तर प्रस्ताव के रूप में
अपनी कविताएँ रख दीं
उसने मकसद के मद्देनजर

सन्देह से देखा
और बड़ी बेदर्दी के साथ
लाल स्याही से लिख दिया कि
''कविताएँ बुरी नहीं हैं
युग सापेक्ष
रची जाती रहेंगी
पहले भी लिखी
जाती रही हैं
अब आप तो–
मसलात के हल दो।
और यदि इतर–
कोई है तो
इरादा बदल लो।''
शब्दों पर ज़ोर कम कर–
आप सारा अर्थ पर बल दो।
पूरा बल दो
और तुमने
जिस दिल की तमन्ना की है।
उसकी तो
अग्रिम बुकिंग हो चुकी है।

उसने जिस को
वचन दिया था
घर के एक
सदस्य ने
अड़ंगा डाल दिया था
तब उसने मदद के
लिए बुलाया
छोटी-सी पर्ची
पर सन्देश आया
तुम अपने
कवि-मुस्तक़बिल के

लिए दुआएँ ले लो
कवि हो तो मेरी शादी में
सहयोग दो।
पर उसे
विश्वास नहीं हो रहा था।
क्योंकि उसे पहले भी
छला गया था—
यह सिलसिला उसके
स्नातक होने तक चला था
और एक दिन
उसकी शादी का कार्ड
क्षमा-याचना के साथ मिला।
वह इस याचना का अर्थ नहीं समझा।
और उसकी बारात आने से
एक दिन पहले उसके घर पहुँचा।
देखा वह जोगिन की भाँति
हल्दी के रंग में निराले ढंग में
हार्दिक हर्षित लग रही थी।
अब वह, वही नहीं थी
सूरत में, सीरत में भी बदल गयी थी।
अगले दिन वह
समाज स्वीकृत
सुश्री से श्रीमती बन गयी थी।
विदा के वक़्त उसने उसे रेल के डिब्बे में
उसके पति महोदय के साथ बिठाया था
पति से नज़र बचा कर
डबडबाती आँखों से
संकेतों में फरमाया
मुझे आप से,
हाथ जोड़कर है कहना
कि तुम लिखते रहना,
लेकिन मेरे नाम पत्र नहीं।

वैवाहिक जीवन की गाड़ी
चलती है जिस ट्रैक पर
उस पर पति का पहिया मान्य है

मित्र का चित्र भी नहीं॥

इस तरह उसने
लिखने ना लिखने की
यातनाएँ सहीं
उस दिन वह अपनी–
नाकामयाबी पर रोया था।
कई दिन कई रात
चैन से नहीं सोया था
और फिर उसने
अपने आप से पूछा कि–
क्या उसने वही
काटा है जो बोया था।
संयोग से एक और
आश बँधी थी उसे।
यानी सुन्दर-सुशिक्षित
और सौ फीसदी
उन दिनों वह
कालेज का छात्र था
वह भी थी बी.ए. में
एक सामाजिक कार्यक्रम
में उनका परिचय हुआ था।
धीरे-धीरे, परस्पर दिल-ने-दिल को छुआ था।
उसने सीधा प्रभाव नहीं जमाया
पिछली असफलताओं के
अनुभव को दोहराया।
अब तक लड़कियों से–
बात करता था।
माता-पिता–

समाज वगैरह से डरता था।
इस बार उसने—
कविताएँ सुनायीं
लेकिन सामाजिक जागृति की
रचनाओं के अलावा
प्रेम-प्यार की कविताएँ
उन्हें भी नहीं भायीं।
तदपि उन्होंने उसे—
होनहार माना।
निमन्त्रण दे दिया—
"संडे को घर आना।"
और जान लें यह भी
कि साहित्य में तुम्हारी तरह—
रुचि लेती है मेरी बिटिया भी।
वह घर गया
पहली मुलाक़ात में ही
उनसे जुड़ गया।
जब वह नज़र से
ओझल होती थी
तब उसे
घरवालों से मिल कर
ऊब होती थी
वे दिन उसकी
कल्पनाओं
और कविताओं के ही दिन थे।
उसकी इस
मनोदशा के लिए
रीतिकालीन
कविता भी ज़िम्मेदार थी।
दिल की ललक और
आँखों की प्यास
देखे बिन बुझती न थी।

लेकिन उसके साथ भी
हादसे हुए थे
पास के सम्बन्धी ने–
बचपन में बदतमीजी की थी।
यह बात मुझसे न छुपी थी
इस कारण वह आत्मग्लानि
शर्मसार-सी आँखों–
के पानी से भरी प्यासी नदी थी
इसलिए उसने पत्रोत्तर में
प्रिय का दर्जा नहीं दिया था।
बिना विचारे
असीम स्नेही भाई लिख कर
छोड़ दिया था।
उसने यह दर्द भी सिर माथे लिया था।
पढ़ाई से विमुख हो वर्षों पागलों
की तरह दिन को रात
रात को दिन कर दिया।
उसके साथ भी
दुर्घटना घटित हो गयी
दिल में रही उसकी याद
और वह बंदिशों के
पागलखाने में रही।
उसने मामा की मार,
घर पड़ोस की दुत्कार,
बार-बार सही।
और वह असहाय
वह यहाँ से भी
ना उम्मीद हुआ।
तभी बी.एड. की
सहपाठिन ने
उसके मन का मर्म छुआ
वह थ्रू आउट

फर्स्ट क्लास थी
उसके दिल में
पढ़ने-लिखने
की ज़्यादा ही प्यास थी।
भावों के आदान-प्रदान का
आरम्भ
काव्यमय पत्रों से हुआ था।
पर दिमाग़ी रिश्ते ने–
गुड़ गोबर कर दिया।
उसे मिल गया
जाति-बोधक यार
उसकी मोटरसाइकिल
से आदिम कबाड़ी 'पाँव-
गाड़ी' का मेल नहीं था
हार गया सम्बन्धों का जुआ।
वह भी सौदा पैसे का ही हुआ।
वह जिसे खेल पाता–
वह ऐसा खेल नहीं था।
और वह अब भी किसी को
प्यार करता था।
पर वैसे–
जैसे साँप का काटा हुआ
कठौती से डरता था॥

सार नहीं मिलता

जिसको अपने प्रिय का,
मधुमय प्यार नहीं मिलता।
कुछ भी मिले उसे सुख
का संसार नहीं मिलता।
लोग पराये किसी वजह
से अपने बन जाएँ।
आसमान में उड़ने
वाले सपने मिल जाएँ
किन्तु धरा पर रहने का
आधार नहीं मिलता
कुछ भी मिले उसे
सुख का संसार नहीं मिलता।
कितना भी संवेदन
कितनी भी अनुभूति हो
वीणा बजती नहीं कि जब
तक तार नहीं मिलता
कुछ भी मिले उसे
सुख का संसार नहीं मिलता।
माझी सौ मिल जाएँ—
भले तूफ़ान ठहर जाए
आने वाला हर खतरा
हर-एक मुश्किल टल जाए
किन्तु नहीं मिलता तट
यदि पतवार नहीं मिलता।
कुछ भी मिले उसे
सुख का संसार नहीं मिलता॥

ऐसे में बसन्त गीत

भारती की आरती में
जीवन की आहुति
दे गये जो धीर–
वीर याद अब आते हैं।
देश की दशा विलोक,
रो रहे कबीर सूर,
अँखियों में सपने
डरावने ही आते हैं।
पलकें उघार
अख़बार देखते हैं तब
सुर्खियों में ख़ूनी,
ख़बरें बिखेर जाते हैं
ख़ुशशालाएँ
शवशाला में बदल वे
हत्याओं के क्रम को
नहीं जो विरमाते हैं
पतझर बाग़ में–
ठहरने लगा है अब
ऐसे में वसन्त गीत
गाये नहीं जाते हैं।
कितनी ही माँ–
बहनों के सुहाग गये
आप हैं कि अपना

ही उत्सव मनाते हैं।
कौन मुस्काएगा
मनुष्यता की लाश देख
मानवी-विनाश लख–
प्रान अकुलाते हैं।
जाति द्वेष
हिंसा का प्रचंड
रूप ले रहा जो,
आप सिर्फ़
धर्म भेद को वजह बताते हैं।

घर

कच्चा घर है,
कच्चे घर में
सच्चे मन की
माँ रहती है
माँ अकसर
मुझसे कहती है–
मेरे बेटे वीर बनो तुम,
दुख में नहीं, अधीर बनो तुम।
कोई अपयश नहीं कमाना।
सच्चाई पर मर मिट जाना॥
उसकी कोख धन्य है
जिसकी सन्तति–
बलिदानी होती है।
कच्चा घर है
कच्चे घर में
सच्चे मन की
माँ रहती है॥

"जो रो रहा है"

वायदों पर मैं नहीं विश्वास करता,
है निशा निस्तब्ध सारे सो रहे हैं
दूर मेरा स्वत्व है जो रो रहा है।

"भरपाए"

नेतागर्दी के मिज़ाज से,
हम भर पाये राम राज से,
नंगी कुटिया, भूखे बच्चे,
बन्द तिजोरी सुख सुविधाएँ
मानव द्वारा ही मानव के
शोषणवादी इस समाज से
नेतागर्दी के मिज़ाज से,
हम भर पाये रामराज से—

सत्ता साधन के नीचे है,
कुर्सी की है खींचा-तानी।
जिसकी लाठी भैंस उसी की,
जनता कहती यही कहानी।
दबा हुआ है कंठ कवि का
दुख वजनीले तख्त-ताज से।
हम भरपाए रामराज से।

"रफीकों से"

चलो तुमने नाकाम कर तो दिये हम,
चलो तुमसे कोई सिला तो मिला है।
चले जाओ दामन उजाले से भरने,
न सोचो कि क्यों कर मेरा दिल जला है॥
मैं मुफलिस हूँ, लेकिन बिका तो नहीं हूँ
मैं सादा वसर देवता तो नहीं हूँ।
मैं तालीम लेकर हूँ बेकार लेकिन,
रफीकों से अपने जुदा तो नहीं हूँ॥
मैं हक को लड़ूँगा, मैं आगे बढ़ूँगा,
है दम बाजुओं में उठाने को परचम॥

भावों का क़त्लेआम हुआ,
यह गीत भी लहूलुहान हुआ॥

अनाड़ी खिवैया
है तूफ़ाँ में नैया॥
बड़ा है भरोसा—
हमें बाजुओं पर
बचा लेंगे हम
देखना आख़िरी दम॥

मुन्तजिर

(कैफ़ी आजमी को समर्पित)

आज की रात मुझे नींद नहीं चैन नहीं,
आज की रात दर्द दिल में सिवा लगता है।
आज की रात आख़िरी न रात को मेरी
आज की रात दम निकलने की ज़िद सी करता है॥
आँख रोती भी नहीं ख़्वाब सँजोती भी नहीं
आज की रात गुलामी की रात लगती है।
आज ख़ामोश हवा ज़हर सा फैलाती है
आज की रात सहर याद बहुत आती है।
आज गुलशन में बुलबुलों ने चहकना छोड़ा,
ऐसी रुत आयी कि फूलों ने महकना छोड़ा॥
हरेक शाख मुन्तज़िर है, कि आ जाये बहार,
आदमी-आदमी को करने लगे दिल से प्यार।

प्यार नहीं

राहतें तो—
दौड़ती हैं फ़ाइलों में
एक मेरा नाम—
भी है घायलों में।
जैसे शीशे के टुकड़े हों,
आँखों में आँसू चुभते हैं
रिसने लगे घाव अन्तस के।
भाव लहू रंजित लगते हैं।
अरमानों का ताजमहल,
अब जीवन का—
खँडहर लगता है।
झूठ बोलते हैं विक्रेता—
सच्चा प्यार नहीं बिकता है।

सूरीनाम में माई-बाप

(कमलेश्वर की स्मृतियों को)

मैंने देखा
वह 'लाला-रूख'
जलयान
जिसमें भर कर
ले जाया गया था
दलित बहिष्कृत–
हिन्दुस्तान।
वह हिन्दुस्तान–
निरक्षर था।
हिन्दू धर्म ग्रन्थों
में उसके ज्ञान–
का विधान नहीं था।
इस कल्याणकारी
पक्ष की ओर
अँग्रेज़ी शासन का भी
कोई ध्यान नहीं था।
आज से
डेढ़ शतक पहले
वे ठेके पर उठाये थे
बिहार से–
जहाँ बुद्ध पैदा हुए थे।
जहाँ मक्खली

और महावीर
के विचार-युद्ध हुए थे।
वे बुद्ध के ज़माने के
बँधुआ बेगार थे
वे साहूकारों-
महाजनों के कर्ज़े
लौटाने के लिए
संघ से लौटा दिये गये थे–
उलटे पाँव।
और कर्ज़-तो-कर्ज़
ब्याज में ही
बिक गयी थीं
अस्पृश्यों शूद्रों–
श्रमिकों की
सात-सात पीढ़ियाँ।

उनमें कुछ आये थे
उत्तर प्रदेश के
काशी के आस-पास से
जहाँ रैदास कबीर खास थे।
सोच कर कि पाएँगे
मेहनत का पूरा प्रतिफल
भरे थे आशा और विश्वास से।
जहाँ से भी आये थे वे
बेइन्तहां सताये थे–
स्वदेशियों ने भी–
और विदेशियों ने भी
रोजी-रोटी की तलाश में
भूख में, प्यास में
वे चले गये,
गिरमिटिया (गिरवी रखे गये)

मज़दूर बन कर।
बाल विवाहित थे वे
जिनमें से समुद्र तट तक
पहुँचते-पहुँचते—
अन्त में, अनन्त ही में पहुँच गये थे।
जिन्दों से ज़्यादा
मुर्दा उतारे गये थे
लालारूख से
उनके शव
कूड़ा-करकट की तरह तैरे थे।
उनके दुख
समुद्र की गहराई
जैसे गहरे थे।
उनकी यात्राएँ
रोमांचकारी नहीं थीं

देश निकाले की सजाओं जैसी थीं—
उनकी यात्राएँ
मनोरंजक नहीं थीं
मजबूरियाँ थीं
पूरी मजबूरियाँ।
मैंने भी देखा
उस माँ को जो
आख़िरी खेप
की गिरमिटिया थी
भारत माँ की नाटे क़द की
बूढ़ी बिटिया थी
आखिरी खेप की
जीवित बची आख़िरी साक्ष्य थी।

उसके साथ

खड़ा कर मैंने
कमलेश्वर
का चित्र उतारा था—
मैंने देखा उनके
पहले गिरमिटिया
दम्पति की प्रतिमा को
जो पति-पत्नी एक साथ
पीठ पर पोटली रखे
लालारूख से
उतरे थे पहली बार
'माई-बाप' थे
वे बाद के सभी के॥

विद्या भोर

(1)

भारत के जिन
भूचोरों ने
शोषण के—
साधन कब्ज़ाए।
असली मालिक,
और मेहनतकश—
बेघर, भूमिहीन बनाए।
आज उन्हीं की औलादें अब
कहती हैं अपनी कठिनाई।
म्हारे पुरखों के जुल्मों की,
सजा हमें मत देना भाई।
वे जो कर
नुक़सान गये हैं
उसकी मत
माँगो भरपाई।

(2)

क्षतिपूर्ति कर न सके
क्या ब्याज सहित वापस देंगे?
मुद्दे की नहीं,
बात करेंगे

इधर-उधर
भटकाएँगे
विद्या भोर
जागने वाले
घोर अविद्या में सोएँगे
खुली हुई आँखों से भी
जब अन्धकार—
लक्षित नहीं होगा।
कौन है साज़िश—
करने वाला
चेहरा सर्व विदित नहीं होगा।

भोर भी अँधेरा भी

ख़ुशियाँ हैं तो ग़म भी हैं।
रोशनी है तो अँधेरा भी है।
आज़ादी है तो ग़ुलामी भी है।
ब्राह्मण है तो अछूत भी है।
अमीरी है तो गरीबी भी है
अज्ञान है तो ज्ञान भी है।
अपमान है तो मान भी है।
नफ़रत है तो प्यार भी है
अनुदार है तो उदार भी है
हिंसा है तो अहिंसा भी है
पक्षता है तो निरपेक्षता भी है।
असमानता है तो समानता भी है
पर इस होने से क्या होता है?
वे बोले यह हमारा गौरव है।
और यही हमारी विविधता है
पर यह तो संविधान
पूर्व की ही—व्यवस्था है।
और यह साहित्य-संगीत।
यहाँ भी तो यथास्थिति की ही चर्चा है।
समता स्वतन्त्रता वाला बदलाव कहाँ है?

सवाल बच्चों के

ये तुम कैसे सवाल
करते हो मेरे प्यारे बच्चो कि–
आज़ादी तुम्हें मिली है?
नहीं मिली है
किसे मिली है
कैसी मिली है
कितनी मिली है
कब से मिली है
कब तक मिली है?

मैं इन सवालों के
क्या जवाब दूँ?
जबकि वे पुनः
पूछते हैं मुझसे कि
आज़ादी तुम्हें मिली थी–
या तुमने हासिल की थी?
विरासत की थी या–
अर्जित की थी?
शहादत दे कर–
कीमत अदा की थी?

क्या पैमाना है जानने का,
क्या कसौटी है परखने की।
क्या पद्धति है समझने की।

क्या सम्भावना है
आज़ादी तक पहुँचने की?
चलो फिलहाल
इतना जानो कि
तुम जिस घर में रहते हो
वह तुम्हारा ही है
कितने बाई कितने का है,
किचिन बाथरूम सब कुछ ओके है।
चलो ज्वाइंट ही सही
बाथरूम तो होगा ही
गाँव में रहोगे तो
शौच के लिए
अपने खेत होंगे?
अब तो शौचालय भी बना लिये होंगे
साफ-सफाई तो—
अछूत ही करते होंगे ना?
चलो सब छोड़ो इतना बताओ—
आप कि/बच्चे गुणकारी
शिक्षा पाते हैं या नहीं
जैसे अंग्रेज़ी मीडियम
में दूसरे पढ़ते हैं,
आप ऐसे स्कूल जाते हैं कि नहीं?
नौकरी मिलने
की गारंटी न सही,
उम्मीद तो होगी ही।
बहन के ब्याह—
के लिए कर्जा तो नहीं,
लेना पड़ेगा पापा को?
उत्तर सब सही हैं
तब तो आप आज़ाद ही हैं ग़ुलाम नहीं हैं।

बेकार

(बेजवाड़ा विल्सन को समर्पित)

यह तुम्हारा—
साहित्य है या मरा हुआ मवेशी
मवेशी उठाते थे—
मेरे ताऊ, मेरे बाबा और मेरे पड़ोसी।
संगेटों पर—
टाँग कर ले जाते थे जंगलों की ओर।
और क्या अब—
मैं तुम्हारे साहित्य-शव
को भी उठाऊँ?
क्यों बनूँ
अरण्यान्वेषी
मैं तो
तुम्हारे जंगल ही में रह रहा हूँ।
यह बात दीगर है कि
तुम्हारी हिंसक
संस्कृति
बर्बर सभ्यता को भी
जंगल नहीं कह रहा हूँ।
यहाँ नहीं
तो और कहाँ ले जाऊँ?
मरे हुए पशु-सा तुम्हारा साहित्य—
गटर से भी

ज़्यादा सड़े तुम्हारे
विचार
मेरे कन्धों पर
लद कर कहाँ तक जायेगा?
तुम्हारा
सड़ियल संसार।
मैं तो इसे इन्सानी
शक्ल में देखना चाहता हूँ,
पर तुम्हें ख़ुद ही—
उलटा टँगा पाता हूँ।
(जैसे दर्शन की दुनिया में
सिर के बल खड़ा मिला था
मार्क्स को हीगेल)
मवेशी की खाल
मवेशी के बाल
मवेशी के सींग
मवेशी के अस्थि पिंजर
मवेशी की चर्बी
सब काम के
सब कीमती थे
पर तुम्हारा साहित्य
रस, छन्द अलंकार
सौन्दर्य
क्या बन सका है,
तुम्हारे मवेशी जैसे
सड़े विचारों,
बिगड़े आचारों से।
इनसे कुछ भी नहीं सधता—
न इन्सानी बन्धुत्व—
न भाईचारा न प्यार।
न तो परिवर्तन
और न सुधार॥

सुविधाओं का वर्तमान है

तुम्हारे पास–
जो कुछ भी है,
वह सब–
पवित्र है,
पूजनीय है
और मेरे पास
न कुछ पवित्र है
न पूजनीय है
और न महान है।
तुम्हारे पास
विजेताओं का कल है–
सुविधाओं का वर्तमान है
और मेरे पास–
छातियों पर ज़ख़्म खाये
छल से गिराए–
योद्धाओं का अतीत है,
ज़ख़्मों पर नमक है
भोर का सपना
भयानक है
भविष्य का रास्ता,
लम्बा है और
साथ कम से कमतर है।

(IIAS शिमला में)

जो नहीं बदला जा सकता

कोई कितना भी
बलवान हो, पर
एक दिन गुज़र ही जाता है
समूचे पराक्रम से आँखें मूँद कर।
प्राणी या वस्तु
कितनी भी
उपयोगी हो, पर
एक दिन तो
अप्रासंगिक हो ही जाती है।
चाहे वह–
दूध देने वाली गाय हो
या लात मारने वाली गधी।
ठीक उसी तरह–
भारत में
कोई कितना
भी विद्वान हो–
गुज़रने से पहले–
जात पर ज़रूर जाता है।
गोया यही शाश्वत नियम हो
किसी कट्टर या उदार को
प्रतिगामी और प्रगतिशील को
गरीब और अमीर को
ब्राह्मण और अछूत को

आदमी का लिखा—
आदमी के काम
नहीं आने देना है।
यही उसको
शब्दहीन भाषा में
कहना है।

(IIAS शिमला में)

ऐसा दलित

बर्थ डे पार्टी में–
लाखों लुटाने वाले
मैरिज पार्टी के मौक़े पर
ताम-झाम दिखाने वाले
दिवाली में प्रदूषण कर
दिवालियापन सामने लाने वाले।
क्या सब दलित हैं?
आरक्षित कोटे–
की नौकरियों में,
एक अख़बार
निकालने या
एक टी.वी.
चैनल ख़रीदने में।
सब के सब कंगाल हैं।
करोड़पति तो बन चुके हैं पर,
कोई स्कूल
खोल नहीं सके हैं।
और समाज के,
कर्ज़ से बाहर हैं
केवल–
ख़्वाहिश रखते हैं,
लोग उन्हें

सम्पन्नता के
कारण सिर पर उठाएँ।
और संसद तक पहुँचाएँ
वहाँ अभी कुछ स्थान रिक्त हैं
दलित-मौनियों के लिए।

मैट्रो का गीत

(प्रोफ़ेसर सुधीश पचौरी जी के लिए)

ताज को मात देती सचल सुन्दरी,
तुम जो दिल्ली में आयीं तो दिल आ गया।
जल्दी आती हो, और जल्दी जाती भी हो।
आना-जाना तुम्हारा चलन भा गया॥
अपनी जानिब बुला खोल देती हो दिल,
उसको राहत मिली जो तुम्हें पा गया॥
स्वच्छता और धवलता की अनुपम छटा,
देखा रंग-ढंग तो वाकई मज़ा आ गया॥
लोहपथगामिनी, रूप की स्वामिनी।
तेरे संग-संग ज़माना नया आ गया॥
शीत में तुम गरम, धूप में कूल हो,
तुम समय साध लेने में अनुकूल हो।
जो भी आया उसी का किया वैलकम
जो गया उसके हक में सन्देशा दिया
आया गन्तव्य है तो उतर जाइये
भूलकर छोड़ कर कुछ नहीं जाइये
ऐसी तहज़ीब पर कोई निछावर न हो,
जो सफ़र की समस्या का हल पा गया।
ताज को मात करती सचल सुन्दरी
तुम जो दिल्ली में आयीं तो दिल आ गया।

हम इंसान ही तो हैं

विरासत छोड़ते तो क्या–
वसीयत नाम क्या करते?
मेरे पुरखे मेरे हक में
जमा धन-धाम क्या करते?

वे जिस आलम में जीते थे
वे जीते थे या मरते थे?
शरम आती ग़ुलामी को
बयाँ गर दास्तां करते।
विरासत छोड़ते तो क्या
वसीयत नाम क्या करते?
मेरे पुरखे...

गुनाह करते वे
गर कहते कि–
'हम इंसान ही तो हैं।'
बरसते आसमां उन पर,
वे उनका खात्मा करते।
विरासत छोड़ते तो क्या
वसीयत नाम क्या करते?
मेरे पुरखे...

लरजते आँख में आँसू,
नज़र हर सूँ अँधेरे थे।
धरम और वरन

के क़ानून डर
मुद्दत से घेरे थे।
न आखर ज्ञान था उनको
न था उम्मीद का तारा

क़मतरी उनकी दौलत थी
वे क्या, मुझ को जमा करते।

विरासत छोड़ते तो क्या
वसीयत नाम क्या करते,
मेरे पुरखे मेरे हक में
जमा धन-धाम क्या करते?

शहादत आप देते थे,
क्रेडिट और लेते थे।
न उनका ज़िक्र होता था
न उनके नाम आते थे
जन्मना था बुरा होना।
भला कोई काम क्या करते?

विरासत छोड़ते तो क्या–
वसीयत नाम क्या करते?
मेरे पुरखे मेरे हक में
जमा धन-धाम क्या करते?

रखा ध्यान इतना

जलाये दीये और रखा ध्यान इतना
अछूतों के घर तक उजाले न आये।
जिन्होंने की सेवा-सुरक्षा वतन की
वही लोग बेजा दबाये—सताये?
ग़ुलामों से ज़्यादा तबाह ऐसे रक्खे।
कि आज़ाद कहते हुए शर्म आये॥
हो गैरत तो कुछ योजनाकार सोचें
कहाँ पहुँचना था कहाँ ले के आये॥
भरी जिनकी मेहनत ने तोंदें तुम्हारी
उन्हीं के गले तक निवाले न आये॥
जलाये दीये और रखा ध्यान इतना
अछूतों के घर तक उजाले न आये॥
अँधेरा-पसन्दों को इतना उजाला
कि चुँधियाई आँखें न सच देख पाये॥
जलाये दीये और रखा ध्यान इतना
अछूतों के घर तक उजाले न आये॥
न 'गौरी' का हमला न अँग्रेज़ हैं अब—
तो सरकारी स्कूल किसने मिटाये?
बड़ा शोर था विश्व गुरु-ज्ञानियों का—
करोड़ों दलित क्यों निरक्षर बनाये?
विषमता हटेगी गरीबी मिटेगी,
सभी जन को शिक्षा सुरक्षा मिलेगी,
इन्हीं सब्ज़ बागों में हम को घुमा कर

हमारे हुक्मरां ने हम बरगलाये।
जलाये दीये और रखा ध्यान इतना
अछूतों के घर तक उजाले न आये॥
विचारों की स्वाधीनता सब को दे दो
कि सुधरे हुए हम हैं दुनिया से कह दो।
नजर में रखो एस.सी. एस.टी. को
कला-मीडिया में दलित घुस न जाये।
जलाए दीये पर रखा ध्यान इतना
अछूतों के घर तक उजाले न आये॥
करोड़ों के सामान वितरित हों हर साल
ये सरकारी-धन मानकर बाप का माल
व्यवस्था कभी ऐसी बनने न देना–
दलित अपने हिस्से का सम्मान पाये
जलाये दीये पर रखा ध्यान इतना
अछूतों के घर तक उजाले न आये॥
ये अन्धे की हैं रेवड़ी कोई बोले
मुखालिफ कोई चाहे कितना भी हो ले
बचे जब तलक एक भी द्विज अनलंकृत
रवीन्द्र भवन में दलित घुस न जाये।
जलाये दीये और रखा ध्यान इतना
अछूतों के घर तक उजाले न आये॥

आप जानते होंगे

बन्द हो गये
सरकारी स्कूल
और खुल गये
स्ववित्त पोषित
निजी संस्थान-दूकान
अब कैसे पढ़ पाएँगे
दलित आदिवासी
निर्धन पिछड़े
और अल्पसंख्यक बच्चे।
कैसे इनके—
अच्छे दिन आएँगे?
मैं नहीं जानता
आप जानते होंगे।
कैपिटेशन फीस देकर
दाखिले के लिए
प्राइवेट कालेज को घूस देकर
ख़रीद लाया
लाला का बेटा
एम.बी.बी.एस. एम.डी. की डिग्री
खोल दिया
फाइव स्टार अस्पताल
आने लगे मरीज
जाने लगे मरीज

कुछ ऊपर कुछ नीचे।
बाकी कितना
स्वास्थ्य लाभ पाएँगे।
मैं नहीं जानता
आप जानते होंगे,
जी आप ही जानते होंगे
जब एस.सी.
एस.टी. को एक
नम्बर क्रमांक दिया जायेगा।
तो जो मैरिट पर जाने की
हाय-हाय मचाता था
वो ही आज अपनी
तीन बार फेल बेटी को
प्राइवेट से शत-प्रतिशत
दिलवा लाया है
कौन नहीं जानता
स्कूली नतीजों में
टॉपर कौन आया है?
जो हर मंच,
हर मौक़े पर मुखर था
दलित को आरक्षण मत दो
मुफ़्त तालीम देकर
इसकी क्षतिपूर्ति कर दो।
वो अब ऐसे चुप हो गया है
जैसे उसकी आत्मा भी मर गयी हो।

बदलाव की उम्मीद

सभ्य समाज के शोषणकारी चरित्र का पर्दाफ़ाश करता श्यौराज सिंह बेचैन का संग्रह 'नयी फसल : कुछ अन्य कविताएँ' (वाणी प्रकाशन, दरियागंज, नयी दिल्ली-2) कई अर्थों में नये सन्दर्भ रचता है। इसमें प्रगतिशील विचारों और मुक्ति की कामनाओं से ओतप्रोत कविताएँ हैं। जनतान्त्रिक मूल्यों की रचनात्मक अभिव्यक्ति और समतावादी वैचारिक क्रान्ति इन कविताओं का मुख्य स्वर है। शोषण मुक्त निर्वर्ण-समाज निर्माण का स्वप्न भी है। ये लम्बे समय से चले आ रहे एक खास वर्ग के सौन्दर्यशास्त्रीय प्रतिमानों और प्रतीकों को तोड़ती उस वर्ग की कविताएँ हैं, जिसे चाँद शीतलता नहीं देता, बल्कि रोटी का टुकड़ा जान पड़ता है : *'गीत चाँदनी पर लिखने का/मन था पर हालात न थे/चाँद लगा रोटी का टुकड़ा/भूखे पेट लिखा मैंने...।'* फिर *'मादक लगी न रात/दुखों की साधक लगीं न स्मृतियाँ/सूरज ठण्डा लगा/धूप-सा जलता साँच लिखा मैंने।'* यहाँ चाँद प्रेयसी का मुखड़ा नहीं भूखे बालक के लिए रोटी का टुकड़ा हो जाता है।

जिन्होंने कवि श्यौराज सिंह की आत्मकथा 'मेरा बचपन मेरे कन्धों पर' पढ़ी है उन्हें इन कविताओं की पृष्ठभूमि बताने की ज़रूरत नहीं है।

इन कविताओं की विशेषता है कि इनके भीतर का जलता सच समाज में जमी सर्द परतों को गलाने में सक्षम है। आज़ादी की लड़ाई में दलितों के मुद्दों को उपेक्षा का शिकार होने पड़ा। आज़ादी के इतने वर्षों बाद भी प्राथमिकता में नहीं, बल्कि वे केन्द्र से बाहर हो गये लगते हैं। कवि सत्ता पर आसीन उस पूरी पीढ़ी को उसकी ज़िम्मेदारी याद दिलाता है। आज़ादी आख़िर किसके लिए है? कवि अपना असन्तोष, अपनी नाख़ुशी व्यक्त करता हुआ प्रश्न करता है: 'पिंजरा मुक्त/पखेरू बन्दी/स्वतन्त्रता/क्या विडम्बना है?' संग्रह की अधिकतर कविताएँ राजनीतिक चेतना और सक्रियता का परिचय देती हैं। कवि अपने समय, समाज और वर्तमान से पूरी तरह जुड़ा हुआ है। उसमें होने वाली हलचलों के प्रति सक्रिय है। श्यौराज सिंह बेचैन ने समाज में मजदूरों, किसानों, दलितों और वंचितों के

लिए कार्य करने वाले सतत कार्यकर्ता के रूप में सक्रिय भूमिका निभायी। उनकी यही सक्रियता और प्रतिबद्धता हमें उनकी कविताओं में भी देखने को मिलती है।

कवि गीत शैली में मज़दूरों-शोषितों के साथ अपनी लय और तान मिलाता है। ग़रीब असहाय जनता के लिए रोटी की चिन्ता मूलभूत है। ऐसे में उसके लिए कविता कोई ख़ास अर्थ नहीं रखती। यह गीत उस अपढ़ जनता के भीतर उठती हूक को स्वर देता है : *'सुन बहना/मेरे जियरवा की बात उदासी मेरे मन बसी/सोने की कीमत/राशन है गयौ/स्नेह सुख को सपनों/सपनों ही रह गयौ/मेरी बहना, नैया पड़ी है/मझधार/समूचे देश की.../सुन बहना, मेरे जियरवा की बात/उदासी मेरे मन बसी/'* यहाँ कवि स्वत्व वंचित महिला की मार्फत उत्पीड़ित वर्ग से बहनापे का रिश्ता जोड़कर उन्हें अपनी दिल की व्यथा सुना रहा है। स्त्री-विमर्श में वह अपनी अधिकार वंचित बहना के साथ संघर्ष में शामिल हो गया है। उसे पूरे देश की चिन्ता है। लेकिन जो उदासी उसके मन में पल बैठी है, उससे वह पूरी तरह नाउम्मीद नहीं होता, बल्कि पुनःसंघर्ष की शक्ति बटोर कर मज़दूरों के लिए मुक्ति गीत गाता है : *'मज़दूर-किसानों के अधर यों ही कहेंगे/हम एक थे, हम एक हैं, हम एक रहेंगे।'*

संग्रह की कविताओं में प्रतिकार के साथ-साथ अपने अधिकारों के लिए ललकार के भी दर्शन होते हैं, क्योंकि अधिकार हमें भीख में नहीं मिलेंगे, बल्कि इनके लिए हमें संघर्ष करना होगा, इसीलिए यहाँ संघर्ष के लिए आह्वान मुख्य है।

कवि की दृष्टि दूरगामी है। वह स्वयं युगद्रष्टा और परिवर्तनकामी है। अपने समाज, जाति और लोकतन्त्र की पंक्ति में खड़े व्यक्ति की पुरजोर वकालत करती है। इसीलिए उनकी कविता का स्वर सामन्तविरोधी, जनवादी और लोकतान्त्रिक है। इन कविताओं में गहरे सामाजिक सरोकार शामिल हैं। दलित-समाज ने अपने श्रम से सींच कर देश को आगे बढ़ाया है, लेकिन धूर्त मानसिकता ने उनके श्रम और योगदान को भुलाकर उन्हें मुख्यधारा से भिन्न हाशिये से बाहर डाल दिया है। पर वास्तव में उनकी स्थिति उस नींव के पत्थर के समान है, जिस पर खड़ी ऊँची इमारत की मज़बूती टिकी है। विकास में उनके योगदान को इस तरह भुलाया नहीं जा सकता। कवि की चेतना असमानता, भेदभाव और उपेक्षा से पीड़ित, संघर्षधर्मी है।

'जड़ों' को प्रतीक बनाकर वे उस दलित समाज का वर्णन करते हैं, जिनके कारण समाज रूपी वृक्ष को विशालकाय विस्तार मिला है। 'जड़' कविता में वे ऐसे वृक्ष को घमंड न करने की सलाह देते हैं, जिन्हें माँ के दूध की तरह श्रम देकर जड़ों ने पाला है। सवर्ण समाज उसी वट-वृक्ष की भाँति व्यवहार करता

है, जो अपनी छाया में किसी नये पौधे को बढ़ने और विकसित होने का मौक़ा नहीं देता। ऐसे असहिष्णु समाज को आईना दिखाते हुए बेचैन कहते हैं : *'हमने तुम्हें/बूटे से वृक्ष बनाने तक/हर समय/हर स्थिति में/सहयोग किया है/और साथ दिया है,/तुम्हारा।/पर तुम्हें/अहसास तक नहीं/अपने साये में/पलने देना भी नहीं चाहते/नये पौधे भी/कितने मतलबी हो तुम।'*

अभावों में भी कवि की दृष्टि व्यापक और मानवतावादी है। इसका परिचय उनकी व्यंग्य कविताएँ देती हैं, जो सीधे-सरल लहज़े में चुपके से आकर पाठक के भीतर हलचल मचा देती हैं। 'टिकाऊ पति', 'सौ में सौ', 'टीचर', 'बस दो', 'हमें कोई ग़म नहीं है' आदि कविताओं में उनके इस तेवर को बखूबी देखा जा सकता है। यहाँ स्वयं में भी गहरे सामाजिक सरोकारों का दर्शन होता है : *'इलेक्शन कुर्सी/पूँजी और हम/इतना ही सत्यम्/शिवम् सुन्दरम्।'* बेचैन की कविताएँ स्त्री-पुरुष दोनों से मिलकर समाज बदलने की प्रेरणा में सक्रिय सहयोग की माँग करती है : *'और तुम अपनी बहनों से बोलो/जल्दी यों कि देर हुई तो मंज़िल मर जाएगी।'*

संग्रह की कविताएँ मशाल की लौ की तरह बढ़ती हैं, जो अपने समाज में मौजूद विद्रूपताओं के अन्धकार को हर लेना चाहती हैं। वहीं दूसरी ओर कवि की सृजनशीलता दोहरी भूमिका का निर्वाह करती है : *'माँग रहा शासन से राशन/प्रतिनिधि आश्वासन/अभिनय का सफल चितेरा है/दिल युग दर्पण मेरा है—मन युग दर्पण मेरा है।'* यहाँ कवि अपनी रचनाशीलता में बँधे-बँधाए सौन्दर्यशास्त्रीय फार्मूले नहीं रचता, बल्कि उसे तोड़ता है, सदियों के सन्ताप को ढोते बन्धनों को। अभावग्रस्त दलित जीवन की अनुभूति उन्हें विराट सत्य से जोड़ती है। जहाँ विश्वबन्धुत्व और मैत्री की कामना है। सुरक्षित और खुशहाल जीवन की आशा का सन्देश है। इस संग्रह की पहली ही कविता 'एक अच्छी कविता' में वे अपनी कविता की पहचान और परख दोनों कराते हैं। उनकी कविताएँ अकादमिक जगत की चारदीवारियाँ लाँघ कर तथाकथित उच्चवर्ग की परिभाषित अच्छी कविता से स्वयं को अलगाती हैं। वह सुख की नहीं, दुख की भी कविता है: *'अच्छी कविता/अच्छे दिनों में, अच्छे जनों में/हमेशा मुस्तैदी और-/मज़बूती से उपस्थित रहती है/पर बुरे वक़्त में/किसी के काम नहीं आती/अच्छी कविता।'*

काव्य-संग्रह की कविताओं में कवि की जीवन के प्रति जिजीविषा और विकट जीवटता के दर्शन होते हैं। वे इन कविताओं में सम्भावनाओं का विस्तृत आयाम देते हैं, जो एक बेहतर कल की कामना करती हैं। कवि की यह जीवन के प्रति चेतनाशील दृष्टि बाहर से आरोपित नहीं, बल्कि उनके अपने समाज,

संस्कृति और विपरीत परिस्थितियों से जूझते हुए संघर्ष से मिली है। इसीलिए ये कविताएँ कहीं दीये की रोशनी से मुद्दे दिखाती हैं, तो कहीं मशाल के उजाले में क्रान्ति का मार्ग प्रशस्त करती हैं। कहीं अभिभावक की तरह अँगुली पकड़कर गलती दिखाती हैं, तो कहीं बहनापे में गले लिपट कर दुख साझा करती हैं। कहीं उनकी कविताएँ असमानता, भ्रष्टाचार, जातिभेद और संकीर्णता समाप्त करने के लिए तलवार और तोप का रूप धारण करती हैं, तो कहीं मन्द पवन में फूलों की महक से वसुन्धरा के आँचल को सराबोर कर देना चाहती हैं।

कवि मनुष्यता के गीत रचता है, इसीलिए उसकी चेतना जीवन के कई रंगों, अर्थों और आयामों से सजी है। तभी तो वह कहता है : *'कमरे में भी नहीं/क़ब्र में रहकर मैंने गीत लिखे/लाशें भी ज़िन्दा हैं, हाँ/इस भ्रम के तहत लिखा मैंने।/वर्षों खोया रहा/खुदी में, वर्षों दिल बेचैन रहा/सागर उथला लगा/कि ग़म में गहरा बैठ लिखा मैंने।'* अपनी कविताओं के माध्यम से बेचैन जी ऐसी आधारभूमि तैयार करना चाहते हैं, जहाँ आशा है : *'वोट बाज को मिलेगा नहीं/दलित-किसान ऐसी फ़सल उगाबैगो।'*

श्यौराज सिंह बेचैन अपनी संवेदनशीलता, स्वानुभूति और यथार्थ अभिव्यक्ति के माध्यम से इन कविताओं में समाज के लिए ऐसे बीज रोपते हैं, जिसमें समानता, एकता, संघर्ष, मनुष्यता और जनतान्त्रिक मूल्यों की नयी फ़सल तैयार होगी।

वन्दना

(जनसत्ता 28 जून 2015)

यथार्थ से मुठभेड़ करती कविताएँ

प्रसिद्ध लेखक श्यौराज सिंह बेचैन का नया काव्य-संग्रह *'नयी फ़सल : कुछ अन्य कविताएँ'* का दायरा दलित, स्त्री से लेकर किसान, मज़दूर और नयी पीढ़ी के स्वप्न और उसकी उम्मीद तक फैला है। यह कविता-संग्रह कल्पना का राग नहीं, बल्कि समाज के ऐसे लोगों के यथार्थ का राग है, जिसे वंचित समुदाय या हाशिए का समाज कहा जाता है। इस संग्रह की कविताओं में समाज का वैसा ही चित्रण है, वास्तव में जैसा समाज है। बेचैन जी की कविता कोमल राग की नहीं है, जो समाज की विसंगतियों पर चोट न कर सके। उनकी कविताएँ समाज में व्याप्त भेद-भाव पर खुल कर प्रहार कर मानवता का रास्ता तैयार करती दिखाई देती हैं। श्यौराज सिंह ने संघर्ष करना रैदास, कबीर और बाबा साहेब डॉ. भीमराव अम्बेडकर के जीवन-संघर्ष से सीखा है। इसके साथ ही कवि की प्रेरणा में वे लोग विद्यमान हैं, जो निरन्तर सामाजिक लोकतन्त्र और मानवीय गरिमा को बचाने के लिए यथार्थ से मुठभेड़ कर रहे हैं।

दलित साहित्य की कसौटी में भारत का संविधान और मानवतावाद का विकास है। दलित कविता की कसौटी मोक्ष और निर्वाण नहीं है। इस संग्रह की पहली कविता उन बुद्धिजीवियों और साहित्यकारों को कठघरे में लाती है, जो समाज की विसंगतियों पर खुलकर प्रहार नहीं करते हैं। इनकी कविताएँ दलित चेतना का विस्तार करते हुए आगे बढ़ती हैं। यदि कुछ कविताओं के नाम लिये जाएँ तो इनमें 'मेरे पूर्वजो, आज़ादी अभी?' 'सितम सिवाए', 'हमें कोई ग़म नहीं', 'रंगभेद', 'दिल है', 'इक्कीसवीं सदी की ओर', 'जहानाबाद में मरने वालों की याद में' आदि कविताओं में कवि ने दलित समस्या को बड़ी तल्खी के साथ उठाया है। वे जहानाबाद में सामन्ती सेना के द्वारा किये गये बर्बर अत्याचार को लोकतन्त्र की हत्या बताते हैं। 'सितम सवाए' कविता में अन्याय की परम्परा को रेखांकित करते हुए, कवि पूछता है—दलित पर सितम कब तक होता रहेगा? श्यौराज सिंह संकीर्ण दृष्टि वाले कवि न होकर विशाल दृष्टि-फलक वाले कवि

हैं। इसलिए वे अपनी कविताओं में समस्याओं को गहराई में जाकर पकड़ते हैं। 'इक्कीसवीं सदी की ओर' कविता में रोजमर्रा की ज़हालतों से जूझते हुए और समय से मुठभेड़ करते हुए लोगों के दुख उभरकर आये हैं। इक्कीसवीं सदी में भी दलितों की शैक्षिक स्थिति सन्तोषजनक नहीं है। उनकी शिक्षा और बराबरी का प्रश्न यथावत बना हुआ है। बेचैन अपनी कविता में दलितों की शिक्षा का प्रश्न उठाते हैं। वे कहते हैं : *'19वीं के अन्त में/सबसे अपढ़ हैं हम/नहीं जीविका के साधन/और घर बदर हैं हम/यह राज है परदे का बाहर बतायें क्या/इक्कीसवीं सदी में ऐसे ही जाएँ क्या?'*

स्वतन्त्र भारत में दलितों एवं स्त्रियों की समस्या का उचित समाधान नहीं हुआ है। देखा जाए तो दक़ियानूसी विचारों के लोग स्त्री एवं दलित को आज़ादी देने के हिमायती नहीं हैं। आज भले ही देश स्वतन्त्र है, लेकिन दलित एवं स्त्री की स्वतन्त्रता और सुरक्षा का प्रश्न चुनौती बना हुआ है। बेचैन 'नारा बस' कविता में समाज की यथार्थपरक स्थिति को बखूबी रख देते हैं।

वे कहते हैं–*'वर्दियों के साये में/पनपते हों अपराध/भ्रष्ट अधिकारियों का जहाँ बोलबाला हो/देश की स्वतन्त्रता वहाँ विडम्बना है जहाँ/रोशनी की भीख अन्धकार देने वाला हो।'* यह सब होते हुए भी कवि उम्मीद की लौ जलाए रखने में कामयाब है।

वे एक ऐसे मानवीय समाज की कल्पना करते हैं जो लोकतन्त्र से पूर्णतया लबालब हो। एक ऐसा समाज जिसमें किसी के साथ कोई छुआछूत न बरती जाए, और किसी स्त्री का शोषण न किया जाए।

सुरेश कुमार

(दैनिक जनसन्देश : 2 दिसम्बर 2014)

□□